大夏书系 | 不同文体的教学

图画书的阅读与教学

总主编 王 红 徐冬梅

刘 颖 著

 华东师范大学出版社

·上海·

图书在版编目（CIP）数据

图画书的阅读与教学 / 刘颖著.
—上海：华东师范大学出版社，2024
ISBN 978-7-5760-4901-5

I.①图… II.①刘… III.①阅读课—教学研究 IV.① G423.02

中国国家版本馆 CIP 数据核字（2024）第 076467 号

大夏书系 ｜ 不同文体的教学

图画书的阅读与教学

总 主 编	王　红　徐冬梅
著　　者	刘　颖
策划编辑	李永梅
特约策划	亲近母语
责任编辑	万丽丽
责任校对	杨　坤
装帧设计	奇文云海 · 设计顾问
出版发行	华东师范大学出版社
社　　址	上海市中山北路 3663 号　邮编 200062
网　　址	www.ecnupress.com.cn
电　　话	021-60821666　行政传真 021-62572105
客服电话	021-62865537
邮购电话	021-62869887
地　　址	上海市中山北路 3663 号华东师范大学校内先锋路口
网　　店	http://hdsdcbs.tmall.com/
印 刷 者	北京密兴印刷有限公司
开　　本	700×1000　16 开
印　　张	13
字　　数	198 千字
版　　次	2024 年 4 月第一版
印　　次	2024 年 4 月第一次
印　　数	5 100
书　　号	ISBN 978-7-5760-4901-5
定　　价	68.00 元

出 版 人　王　焰

（如发现本版图书有印订质量问题，请寄回本社市场部调换或电话 021-62865537 联系）

总 序
做这个时代的点灯人，下一个时代的开启者

1983年我初中毕业，成为一名中师生。有幸遇到自己的文学启蒙老师，并在20世纪80年代的改革开放大潮和文学氛围浓厚的校园里，阅读和成长。虽然后来也有深造和访学研修的机会，但在真正意义上，阅读是我的大学。阅读给了我内在的耳朵和内在的眼睛，让我拥有了丰富的精神世界和独立的思考能力。

1988年，我成为扬州师范学校的老师，任教小学语文教材教法这门专业课。给我的学生，这些未来的老师，讲小学语文课程是怎么回事，小学语文教材怎么样，小学语文应该怎么教。当我带着一定的文学阅读和人文阅读的积累，来研究和审视小学语文课程、教材、教法的时候，确实有很多困惑。

学语文，只读一本语文教材够吗？学语文，需要做这么多作业吗？看拼音写词语，组词造句，改错别字，近义词、反义词……这些跟提高语文水平有多大关系呢？没有阅读，孩子们的时间就天天浪费在这些无聊的练习里；没有阅读，老师们的时间就天天浪费在批改这些无聊的作业里。在这样的氛围里，语文教学少、慢、差、费的状况能改变吗？在我最初教学、研究和困惑的过程中，20世纪末，一场关于语文教育的大讨论发生了，这次讨论也直接引发了国家第八次基础教育改革。

带着这些困惑，我研读了由著名语文教育家洪宗礼先生等人主编的中外母语教材比较研究丛书。这套丛书，尤其是《中外母语教材选粹》《中外母语教材

比较研究论集》《外语文教材评介》,在网络尚不发达的当时,为我打开了一扇窗。更多的文学经典、文化原典,专题性学习、新颖而具指导性的阅读练习设计,让我看到了语文课程和教材建设的另一种可能。

在这个基础上,我对我国和新加坡的语文课程标准进行了考察,重点梳理了课程标准、教学大纲中对于阅读,尤其是阅读量、阅读内容等论述的沿革,并在2002年10月的《语文教学通讯·中国小学语文教学论坛》上发表了《华语地区课程标准中关于课外阅读的论述之比较》一文。通过对中外母语教材的研究,对近代以来华语地区语文课程标准关于阅读的论述的研究,以及对很多文化大家成长经历,包括自己成长经历的反思,我其实已经初步确立了自己的语文课程观。我认为,阅读应该是语文学习的核心环节,更是终身学习的基础,自我教育的路径。也就是说,阅读不仅是语文学习,也应该是一切教育的基础。

带着自己的研究心得,我去拜访扬州大学著名的语文教育家顾黄初先生。顾先生对我说,要研究和改革当代的语文课程,必须有历史的眼光,他建议我一定要读一读《中国古代教育史》《中国近代教育史》《中国现代语文教育史》。读完这几本书,我更坚定了自己的认识。

在我的教学和研究过程中,中国的师范教育体制,经历了由三级师范向二级师范过渡的历史进程。2009年后,我基本不再在学校任教,专心从事亲近母语的研究、实践和推广。但20多年来,在师范体系里学习、阅读和成长的经历,让我对教师教育有很深的热爱,对中国的师范教育的发展有深切的感受,对如何培养高质量的师资有深入的思考。

2001年,教育部颁布《全日制义务教育语文课程标准(实验稿)》,明确了义务教育阶段学生应该诵读的古诗文,以及课外阅读量。其中,小学阶段应完成145万字的阅读量。一、二年级完成5万字,三、四年级完成40万字,五、六年级完成100万字。如何才能完成这些阅读量呢?如何培养出重视儿童阅读,自身具备一定文学素养的阅读老师呢?

2001年,亲近母语总课题组成立。2003年,亲近母语机构创立。最初,我们是通过落实新课标提出的课外阅读量这个角度,来进行语文课程的完善和建设。这个时期,互联网开始兴起,通过最初的互联网,我了解了20世纪六七十年代,从美国开始,逐渐扩展到西方发达国家的儿童阅读运动。我们逐步将亲近母语定位在通过儿童阅读,而不仅仅是课外阅读,来促进小学语文教学和儿童母语教育。

我们通过亲近母语课题研究和实验,凝聚了一批真正关心童年和教育,理解儿童阅读的意义,具备深厚素养的相关学者,以及一批觉醒的点灯人,倡导更多的小学语文老师,不仅带孩子们学习语文教材,更要做教室里的点灯人,把经典的图画书和儿童文学带给孩子们。

2004年,亲近母语举办了首届儿童阅读论坛暨亲近母语教育研讨会。2007年暑期,亲近母语举办了第一期儿童阅读种子教师研习营。2010年,举办首届儿童母语教育论坛,给在教室里带领孩子们阅读的老师们以平台,展现他们的探索和实践。这些论坛和研习营,完全不同于一般的语文教学研讨会,不只是教学观摩或者赛课,也不是仅仅谈教学技能、教学设计,而是着眼于培育有一定人文底蕴、文学素养,又能懂得儿童、理解教育真意的老师。因此,在论坛立意、内容策划、研习营的课程设计等方面,都充分体现亲近母语的理念,以及对具有儿童阅读素养的阅读师资的价值追求。

随着儿童阅读的推展和深入,儿童阅读对小学语文教学、书香校园建设、师资培养的影响越来越显著。很多教育行政领导、校长跟我交流,他们在做书香校园,或者推进儿童阅读,但严重缺乏好的阅读师资。一些接受了儿童阅读启蒙的老师对我说,他们希望成为一名阅读老师,可是不知道该怎么做,该如何学习和成长。更多的家长朋友说:我希望孩子的语文老师能够告诉我们,我们孩子该读些什么书，最好老师能领着我们的孩子读书。

亲近母语希望能用自己20年来的研究、探索和实践，为体制内外的学校培养优秀的儿童阅读教师。

培养什么样的老师呢？我们希望寻找和培养新一代的儿童阅读老师，他们自性光明，他们渴望成为真正的师者、真正的人师，他们愿意和孩子们一起在阅读和学习中共同成长。

在十多年举办儿童阅读论坛、儿童母语教育论坛和线下儿童阅读种子教师研习营的基础上，2020年8月，亲近母语研究院和华南师范大学教师教育学部正式合作，推出了儿童阅读师资能力认证项目。该认证包含初级、中级和高级认证（暂未开放），以专业的儿童阅读理论为基础，围绕儿童阅读师资培养的内在需求，建构了专业而完整的课程和认证体系。

儿童阅读师资能力认证的学习内容体系，分为"道、学、艺、术"四个层面。

道，是帮助老师们通过阅读、学习和实践，来完善自己的儿童观、教育观，激发和培育他们对儿童、对阅读、对教育热忱的爱。

学，主要是提升教师的学养。一个合格的儿童阅读教师，必须具备基本的儿童文学的素养、一定的文学和母语素养、较好的文本欣赏和阐释能力、一定的人文和通识素养等。

艺，主要是提升教师的教学素养。一个合格的儿童阅读教师，必须具备基本的诵读能力、讲述故事的能力、和孩子聊书的能力、策划阅读活动的能力等。

术，要能够具有基本的案例设计、阅读教学的技能，掌握和孩子阅读不同文本的要点，具备在读书会上设计阅读话题的能力，具备培养更多儿童拥有自主阅读能力、习惯的能力和方法等。

华南师范大学教师教育学部王红部长，是我国教师教育、基础教育方面的研究专家,她提出了基础教育教学范式应从"输入为本"到"输出为本",并把这种教学方式推演到教师教育的领域。在儿童阅读师资能力认证建构过程中,我们借鉴了这种思想,将儿童阅读师资认证的学习过程,设计为"读、学、练、考"四大模块,过程性及结果性评价兼备,帮助老师们实现最大化的学习效果。

读,为老师们推荐专业阅读书籍和童书书单。让老师们通过研读,具备基本的儿童文学素养,和对儿童阅读、文学理论的基本了解。

学,提供系统的儿童阅读指导课程,帮助老师们系统掌握基本理念和实战操作要领,具备基本的专业基础。

练,注重实践性操作,学练结合,让老师们在学习过程中,结合每一个学习专题,进行实战练习。同时为老师们提供社群专业指导,答疑解惑。

考,师资能力认证课程均需通过考核,才能获得认证证书。平时课程学习、练习学分比较重要,考试需要通过客观题、主观题考核,并提交结业案例设计和视频。

初级师资认证课程,需要阅读 4 部专业理论书,40 部经典童书。参加学习的老师,将建立正确的儿童观,具备儿童阅读的基本素养;基本掌握实施儿童阅读的方法和策略;掌握儿童阅读课程教学基本范式,具备设计儿童阅读案例的能力。

中级师资认证课程,需要阅读 6 部理论书籍,60 部经典童书,具备不同文体的欣赏和教学能力。参加学习并通过认证的老师,将建立正确的儿童观、教育观,具备比较扎实的专业素养和准确的文本欣赏能力。他们需要在初级掌握了儿童阅读课程教学基本范式的基础上,重点学习和掌握诗歌、童话、儿童故事、小说、神话传说、散文、非虚构作品等不同文体教学的基本范式,从而提高阅读教学水平,全方位掌握儿童阅读组织、实施和评估的方法,具备打造儿童阅读环境、组织班级读书会、开展阅读活动、评估儿童阅读水平的能力。

这套丛书就是亲近母语和华南师大教师教育学部合作推出的儿童阅读师资能力认证的中级师资认证课程的项目成果。

这套丛书目前已经规划和即将出版的有：

《童话的阅读与教学》，吉忠兰著。这本书从童话起源讲起，梳理了童话的基础理论，提炼了阅读童话的方法，提供了童话教学范式与案例，能够帮助教师更好地阅读童话、进行童话教学。

《散文的阅读与教学》，邵龙霞著。在这本书中，作者从学理和实践双重维度出发，在厘清散文文体特质的基础上，多角度论述了教师应当如何进行散文的阅读与欣赏，继而总结出散文的教学范式与策略，并提供了散文诵读课、散文赏读课、散文写作课等多种课型的教学范例，能够帮助一线教师解决"散文教学教什么""散文怎么教"等重难点问题。

《图画书的阅读与教学》，刘颖著。作为读者，如何阅读和欣赏图画书；作为教者，如何发现故事主题、确定重点画面、寻找文图关系、设计交流话题等，在这本书中都能找到答案。这本书从认识图画书讲起，而后介绍图画书的教学范式与变式，并提供了详实的案例，能够助力不同年段的教师开展图画书课堂教学的起步与发展。

《非虚构图书的阅读与教学：从阅读到研究性学习》（暂定），舒凯著。在厘清适合儿童阅读的历史人文书籍和科学书籍的文本特点与阅读方法的基础上，这本书把研究性学习作为阅读这类书籍的重要方式。并且，作者将其在班级所开展的项目式研究性学习案例梳理成可迁移、好操作的教学范式，供教师们借鉴、参考。

还在陆续规划关于儿童故事和儿童小说、诗歌、神话传说和民间故事、科幻小说等文体的图书。

之所以中级师资认证要把不同文体的阅读和教学作为学习和研修的核心，

是因为多年来，我们的语文教学缺乏文体意识。无论是诗歌、童话，还是散文、神话传说、儿童小说，都往往被泛化为"课文"来教。语文老师们来教这些文本时，都是从字词句篇的角度，从语文学习的角度来教，而缺乏自觉的文体意识。如果老师们能更多地了解不同文体的特点，就能找到独特的角度，从而带领孩子们走进文本，感受一个个独特的艺术形象，体验情感和艺术特点。让孩子们在一次次的阅读体验中，积累阅读经验，形成阅读能力，得到情感和思想的熏陶。

最初策划和研发这套课程时，关于"不同文体的阅读和教学"，我面临两种选择：一是请大学的儿童文学、文学理论或者课程论老师来讲，二是邀请有一定理论素养的一线老师来讲。我毫不犹豫地选择了后者。这套课程上线后，得到了很好的评价。学习过的老师，都觉得这套课程既有理论性，更有实践性，对他们提高不同文体的阅读欣赏能力、教学能力，有很实际的帮助。写作这套丛书的作者，就是这套课程的研发人、课程老师。

我们20年来，一直行走在一起，共同阅读文学和理论，共同探讨阅读课程的设计，共同研究如何更好地上好读书课。他们都是在20年的儿童阅读推广中成长起来的点灯人。他们是小学语文教师中的学者，都有很好的理论素养、文学素养，同时又有高度的教育热忱，丰富的儿童阅读实践经验。长期共同推进课题研究，共同成长的经历，又让我们拥有共同的价值取向和儿童观、教育观。阅读他们的书稿时，我发现他们在写作时，在原来认证课程的基础上，理论上有了更充分的阐释，案例更丰富清晰。相信每一位希望学习儿童阅读，提高儿童阅读指导能力的老师，都能从中受益。

1896年，梁启超先生在《时务报》上发表了一篇著名的文章《论师范》，这是中国近代教育史上第一次专门论述师范教育问题的文章。他说："欲革旧习，兴智学，必以立师范学堂为第一义。""故师范学校立，而群学之基悉定。"他主张设立本国自己的师范学校，培养符合时代要求的教师。今天的儿童阅读走在路上，中国的母语教育更是走在路上，我们的母语教育不可能完全走西方的道路，我们的儿童阅读也不可能完全走西方的道路。我们必将根植于我们的土壤，根植于我们的文化，去建构我们自己的母语教育和儿童教育。这个鸿篇巨制，不可能指望别人去完成，只能由我们共同去创作。而要建立从儿童出发，从我们的文化出发，符合这个时代和未来社会需要的母语教育体系，关键的任务之一便是遵循教育之道，培育真正称得上是点灯人的儿童的阅读老师和母语老师。

我们知道这件事情是艰难的，它可能需要走几十年，甚至更长的时间。儿童阅读师资认证是一个创举。这套丛书是这个创举的一个成果，是有意义的探索中的一个阶段性成果。希望这套丛书能够给老师们的专业成长提供帮助和参考。期待更多的老师经由自己的阅读、学习和实践，走上儿童阅读推广的道路，走进优秀的儿童阅读师资的行列。

让我们一起去做这个时代的点灯人，做下一个时代的开启者！

2023 年 8 月

自序
走进图画书的秘密花园

我出生在 20 世纪 70 年代,小时候读过不少小人书。小人书也是有图有文字的,虽不如现在的图画书精致,但那时觉得好玩,好看,是童年极大的乐趣。不过,究竟是图画好看,还是文字故事好看,图画好在哪儿,文字好在哪儿,小时候没有琢磨过。

2003 年在宝应,亲近母语的教学分享活动中,徐冬梅老师邀请了儿童文学作家梅子涵老师来讲课。那是我第一次在现场仰望一位儿童文学作家,第一次听一本图画书的讲述和解读。我至今都清晰地记得梅老师讲的是《爱心树》。我了解了故事寥寥数语里的深情和道理,画家看似潦草的线条对事物特质准确的捕捉,书里至简的黑白两色透出的轻盈与庄重令人神往。这"极清浅"与"极深刻"的图文合奏的艺术,是已经当了小学老师的我依旧看不清、讲不出的,更不必说小时候了。

图画书没有看起来那么容易,读懂它,需要专业的引领。

如果有这样一些人,他们热爱且理解图画书,读过《我的图画书论》(松居直)、《图画书宝典》(丹尼丝·I·马图卡)、《图画书阅读与经典》(彭懿)、《图画书小史》(阿甲)这类的图画书入门概念书,读过《说说图画:儿童图画书的叙事艺术》(佩里·诺德曼)、《亲近图画书》(朱自强)、《享受图画书》(方卫平)、《让我们把故事说得更好:图画书叙事话语研究》(常立、严利颖)这类的图画书理论书,读过《童年书:图画书的儿童文学》(梅子涵)、《绘本之美》(刘绪源)

这样文学的图画书书评，读过《图画书的讲读艺术》（陈晖）、《共读绘本的一年》（薇薇安·嘉辛·佩利）这样的实操指南……他们懂孩子，懂教育，那么，一本图画书在他们的眼里就不仅仅是一个故事、一个游戏、一个玩具，还是一部艺术史、一部教育学、一部作家传记……这样的人，像一座桥，送你进入更深邃的图画书的花园，将现实中的你和书中的你联系在一起。这样的人，在课堂、在家庭，和学生、和孩子共读图画书，共同为塑造拥有较高的视觉素养、善于思考的终身读者助力。

刘　颖

目 录

第一章　图画书的样子　001

第一节　什么是图画书　001
第二节　图画书的类型　002
第三节　图画书的结构　006

第二章　图画书的阅读和欣赏　009

第一节　图画阅读　009
第二节　图文阅读　028

第三章　图画书的阅读和教学　035

第一节　教学目标　036
第二节　基本范式　038
第三节　难点突破　049
♠ 文字较多的图画书讲述示例——《安娜的新大衣》　082
♠ 文字较少的图画书讲述示例——《想吃苹果的鼠小弟》　086
♠ 无字书讲述示例——《雪人》　089
♠ 讲出故事深意讲述示例——《爷爷变成了幽灵》　094
♠ 改换视角讲述示例——《躲猫猫大王》　103
♠ 添枝加叶讲述示例——《月亮的味道》　109

第四章　图画书教学案例　115

第一节　常规阅读课　115
- 低年段：《今天我是一粒黄豆》教学设计　115
- 低年段：《小黑鱼》教学设计　119
- 中年段：《爷爷一定有办法》教学实录　124
- 中年段：《吃六顿晚餐的猫》教学设计　134
- 高年段：《桃花源的故事》教学设计　138

第二节　读后交流课　144
- 中年段：《在肯尼亚种树》教学设计　144
- 高年段：《麻雀》教学设计　153

第三节　主题阅读课　161
- 中年段："我就是我"主题阅读教学设计　161
- 高年段：《雪花人》与《装满昆虫的衣袋》比较阅读教学设计　165

第四节　写作课　171
- 低年段：创意写话——《迟到大王》教学设计　171
- 中年段：学写留言信——《我要大蜥蜴》教学设计　175
- 高年段：用多个事例表现人物特点——《怕浪费的奶奶》教学设计　182

参考文献　187

写在后面　亲近母语图画书阅读推广与教学研究之路　189

第一章
图画书的样子

Q：有图的书就是图画书吗？

A：不一定。

Q：图画书和绘本有什么不同？

A：说法不同。

Q：漫画是不是图画书？

A："漫画书应该定位于图画书和电影之间。当图画书要展现更多的镜头时，往往会运用漫画书和电影的惯例。"（佩里·诺德曼）

Q：大人也喜欢图画书是不是很幼稚？

A：大人喜爱图画书，说明怀有赤子之心，另外，有些图画书就是为成人创作的。

爱丽丝想："一本既没有插图又没有对话的书，有什么可看的呢？"

——刘易斯·卡罗尔《爱丽丝漫游奇境》

·第一节·什么是图画书·

图画书，是有图的书，书中的图画作为整本书的重要组成部分，承担着讲述故事的功能。图画书里，"图"与"文"一样重要，甚至比"文"更重要。事实上，有不少公认的图画书佳作是"无字书"，书中没有文字或文字甚少，但一样传递故事、诉说情感、表达思想，图画跨越了年龄、国家、语言上的障碍，更加便于交流。

判断一本有图的书是不是图画书，日本绘本之父松居直有如下精彩论述：

图 + 文 = 有图的书
图 × 文 = 图画书

由此可见，图画书的意义是图与文结合而产生的，较之只看图或只读文，"文""图"同读，二者相得益彰、互相应和或互为反讽，更能使读者读出更为丰富的意义。

图画书的研究者们为图画书下过多种定义，美国图书馆协会界定的图画书标准是："儿童图画书与其他图文并茂的图书不同，它旨在为儿童提供视觉的体验。它依靠一系列图画和文字的互动来呈现完整的故事情节、主题和思想。"巴巴拉·巴德对图画书的概念给出了较为全面的注释："图画书是由经过整体设计的文字和插画组成的一种图书，是手工艺品和工业制品的融合，是社会、文化和历史的文本记录。最重要的一点，图画书是儿童的一种经历和体验。图画书是一件艺术作品，它靠插画和文字共同叙事，由对开的页面来展现场景，靠翻页呈现戏剧效果。图画书有无限的可能性。"

本书讨论的图画书也是指用图画和文字共同讲故事的书，不包括仅含少量插图的书。

·第二节· 图画书的类型

图画书分类标准有多种，本节尝试从几个不同的角度给图画书分类。

（1）按图画与文字的比例来分，可分为无字书（文字特别少的图画书也可算在无字书之列）和有文字的图画书。

（2）以功用作为标准，图画书可分为玩具类图画书、认知类图画书和文学欣赏类图画书。

①立体书、翻翻书、洞洞书等属于玩具类图画书，它们的设计相当有创意，甚至很复杂，孩子们不仅可以阅读，更需要亲自触摸和探索，它带给孩子们的是非比寻常的快乐阅读时光。

②认知类图画书是为帮助小读者通过直接经验学习新概念而创作的，内容涵盖：分类、排序、计数、时间、空间；字母、字符、语词；颜色、形状、大小及自然科学、历史人文常识等。比如，《好神奇的小石头》是一本神奇的图画书，一颗小石头不断地在变换色彩和形状，每翻一页，都带给小读者无限的想象与期待。这个过程，是对儿童颜色和事物的认知锻炼，更是对其创意的激发。又如，《首先有一个苹果》的作者用故事化的方式来表达数字概念，孩子在练习点数的同时也发展了守恒和数与量对应的概念。这类图画书也是跨学科阅读的绝佳材料。如《一颗莲子的生命旅程》用画展现出莲的生命轮回，《千里江山》用绘本故事的方式带孩子走进国宝名画《千里江山图》。

③文学欣赏类的图画书按体裁可以分为歌谣图画书和故事图画书。

根据童诗、童谣创作的图画书已经越来越多，如任溶溶童诗图画书，梅子涵创作的《下雪天的声音》，广为流传的《一园青菜成了精》《鹅妈妈童谣》等。

故事图画书是个大类，可再分为写实文学与虚构文学。

此处的写实文学借《图画书宝典》（丹尼丝·I·马图卡）一书中的介绍向各位读者说明——"写实文学的主人公都是孩子们容易亲近、理解和感知的事物"。写实文学的共同特点是"虚构的文学形式基于真实的想法，来反映现实生活和未来生活的事件。事件可能是想象的，也可能是真实的或者即将发生的。故事主人公通常不具备特异功能和神奇魔力"。比如，《一块巧克力》《辫子》这两本书中小女孩的细腻心思颇能引发小读者共鸣。首届安徒生奖插画奖得主阿洛伊斯·卡瑞吉特创作的《赶雪节的铃铛》讲述了小主人公在真实的生活冒险里成长为勇敢少年的故事；《喜鹊窝》的作者将目光投向了风沙漫天的大西北;《奶奶的青团》描绘的是江南小镇明丽动人的清明画卷;《三个朋友》的画风富有民俗韵味,故事蕴含东方智慧;《苏武牧羊》以独特视角书写历史传奇。

《一块巧克力》封面

写实文学作品中还有特殊的一支——传记图画书。传记图画书的大量出版使得图画书的面貌变得更为丰盈。这类图画书的主人公通常是名人或英雄人物,与鸿篇巨制的整本书人物传记不同,图画书传记受限于篇幅,通常只讲述"历史人物一生中最耀眼的时刻,或是其经历的重大事件"(丹尼斯·I·马图卡)。《在肯尼亚种树》《达尔文环游世界》,这两本书从标题就可以看出作者选择的创作内容是人物经历的重大事件。如果书写贯穿人物的一生,作者通常会突出人物的某个特点:《爱看书的男孩》中亚伯拉罕·林肯用行动让世人相信阅读终会改变命运;《雪花人》中威尔森·艾·班特利(下简称"威利")喜爱雪花,他观察雪、收集雪、拍摄雪、研究雪,成为了著名的雪花专家;乔丹热爱篮球,可是他不够高,因此很沮丧,不过妈妈却有个妙方——"每天晚上在你的鞋子里撒一些盐,然后祈祷。很快的,你就会长高了",这本书名为《鞋子里的盐》;《飞行者莱特兄弟》的主角是莱特兄弟,为了实现梦想,他们不断试飞,除此以外,书中还有另外一条线索——几个小朋友以不同的方式,幻想着成为世界上第一个飞上蓝天的人。如丹尼斯·I·马图卡所说,这类图画书创作要求较高,书中往往附有故事的背景信息,有时还会提供地图、年表、参考书目等。

写实文学作品的另一分支——摄影图画书。用照片作图创作而成的摄影图画书具有震撼人心的真实力量。彭懿的《驯鹿人的孩子》《巴夭人的孩子》,黑鹤的《蒙古牧羊犬》,都是耗费作者巨大心力的摄影图画书。据说为拍摄驯鹿人,彭懿一行人从蒙古国的乌兰巴托出发,穿过泥泞、布满碎石的茫茫大草原,穿过一片又一片原始森林,跋山涉水,日夜兼程,走了五天五夜,才终于到达了那片与世隔绝的地方。《再见了,艾玛奶奶》以一只猫的视角和口吻,通过一张张黑白照片,讲述了艾玛奶奶生命中最后一年里的故事,触动人心。

虚构文学类图画书主要指作者创作的新童话、新寓言和改编的老故事等,此处在"童话""寓言"前加上个"新"字,是为比对《安徒生童话》《格林童话》《伊索寓言》等经典著作,突出"非传统性"。与写实文学类不同的是,虚构文学类的故事荡漾着神秘的、魔幻的气息,主角们也常有过人之处,在这些虚构的故事中一切皆有可能。《母鸡萝丝去散步》《小黑鱼》《逃家小兔》《鸭子骑车记》《你看起来好像很好吃》《活了一百万次的猫》《鳄鱼怕怕 牙医怕怕》《吃黑夜的大象》《不要和青蛙跳绳》《金胡子和红毛衣》……都是非常精彩的新童话。

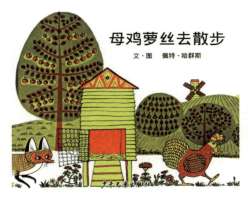

《母鸡萝丝去散步》封面

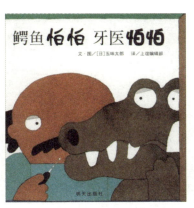

《鳄鱼怕怕 牙医怕怕》封面

《三只小猪的真实故事》《灰王子》《臭起司小子爆笑故事大集合》属于颠覆传统的名作。蔡皋中国经典绘本系列，如《隐形叶子》《桃花源的故事》《孟姜女哭长城》，从老经典出发创造了新的经典，此类佳作还有《进城》（改编自中国古代寓言《父子骑驴》）、《太阳和阴凉儿》、《哪吒闹海》、《和风一起散步》（故事源于战国宋玉所作《风赋》）、《百鸟羽衣》、《世界神话漫游》系列等。

《臭起司小子爆笑故事大集合》封面　　　　　　《百鸟羽衣》封面

另外，图画书还可从绘画媒材、表现手法、艺术风格、书籍材质等角度分类，此处不再一一赘述。故事类图画书的阅读与教学是本书阐述的重点。

·第三节· 图画书的结构

图画书由哪些部分组成？这个问题，彭懿在 2011 年出版的《世界图画书·阅读与经典》一书中有过专业、细致的介绍。了解图画书各部分结构及其特点和作用，将有助于阅读者、分享者进行分析、评论与教学，故本书选取图画书的主要结构进行简要介绍。

介绍之前，先解释一下页面布局的两个名词——跨页版式与单页版式。跨页指的是横跨两个页面，单页则只占其中一个页面。

（1）护封。

护封是精美图画书的外衣，纸张厚实，图案通常与图画书封面一致，不同的是多出两个勒口，也就是护封往里折叠包住封面和封底的地方。前、后勒口通常能看到故事简介、出版信息、作家介绍、本书荣誉等内容。但护封不是图画书的必备结构，也有些图画书没有护封。

（2）封面。

正如佩里·诺德曼所言，"在开始阅读一本书之前，封面是影响读者期待的最重要的因素。封面或护封上的图画通常涵盖了故事中最关键的要素"。绝大部分读者都会从封面判断这是不是自己想要进一步阅读的书。

（3）环衬。

环衬，也称"蝴蝶页"，据说因早期不少图画书封面后有一页薄如蝉翼的轻柔纸张而得名。现在我们看到的环衬很少是单独的一页，通常以跨页呈现，位置在封面或封底的另一面。环衬因为设计低调常常被忽略，但其不仅仅是装饰，往往与故事主题有着密切的关联。

（4）书名页（扉页）。

书名页，顾名思义，此页标注书名，也会印有作者、出版商等信息，通常出现在环衬后一个跨页的右边。

（5）版权页。

版权页一般放在书名页的背面，会提供这本书的出版信息，大部分的作者献词会出现在版权页上。也有的书籍版权页在书的最后。

（6）正文。

正文是图画书的主体部分，包含文字和图画。这里介绍插图的几个元素。

小图：起点缀与平衡作用，小图可用来表现一连串的动作或时间的流逝等。

边框：边框是每一页图画的边缘框架，线条是常用的元素。

分栏：在一个画面中进行切割，或纵或横，形成多元的视觉效果。

（7）封底。

故事落幕，封底流动余韵。

第二章
图画书的阅读和欣赏

Q：全是图画没有文字的书怎么读懂呢？

A：寻找图画间的关联。

Q：图画书的文字有什么用？

A：指引你，也迷惑你。

Q：每一本图画书都有深意吗？

A："故事一定要短，但意旨要高大得能撑起一本书"（李·温德姆）。优秀的图画书离哲学很近。

Q：怎样才能读出图画书的深意？

A：多读、多想、多交流。

图画书是跨越图画世界和文字世界的对话。

——伦纳德·S·马库斯

·第一节·图画阅读·

图画书之所以能打动孩子，在于那些图画的生动性，它是这些书具有永恒魅力的秘密所在。这些插图不仅是画家技艺的体现，更是他们心灵的表达，他们永远记得一个孩子观察、感受和欣赏这个世界的方式,对孩子来说,这个世界新鲜,美妙,充满未知。

——李利安·H·史密斯

在大部分人的心目中,看图是一件轻松的事,图画直观、活泼,极具表现力,一望而知,所以一提到图画书便想到那是小朋友的读物。事实上,作为艺术品的图画书,它的观赏过程令人极为享受又兼具挑战性。《观赏图画书中的图画》一书的作者珍·杜南认为,阅读图画书,在不断玩味之后,会让我们创作出一些属于自己的东西。在反复玩味的过程中,我们必须合乎逻辑、运用直觉,还要发挥想象力来思考作品的深层寓意。而对于图画如何传情达意的陌生,虽不会淡化阅读图画书的乐趣,却局限了我们的理解。认为读图画书太过轻松的人是因为他们并不深入思考书里有多少东西值得咀嚼玩味,譬如画家的个人风格、选用素材、构图手法是如何影响一幅图画的。作为读者,当我们不再需要为书中的想象世界塑造形象,那么作为一位图画的观赏者,我们可以读什么呢?

一、封面的艺术

图画书的封面是这本书的海报,它无声而又高调地宣扬着:"我是一本值得你阅读的书,瞧,我的画风多有性格!""故事里的主角你一定会喜欢!""就这个小小场面已经吊起你的胃口了吧?"封面上出现的通常是这本书的精华,一张图胜过千言万语。面对这极具冲击力和美感的封面,读者被吸引,并对这个故事充满了期待。阅读图画书,从封面开始。

1. 阅读示例

《阿黛拉和西蒙在巴黎》的封面色调温暖、柔和,洋溢着浓浓的古典韵味。埃菲尔铁塔虽在画面纵深处却高耸醒目,说明了故事的发生地。两个人物形象占据画面的中心,一个小女孩和一个小男孩,他们正是故事的主角。小女孩年龄大些,侧身站着,关切地望向小男孩,有些无奈,也许她的身份是姐姐;小男孩正面对着读者，看来他是第一主角。看看他这身装扮，黄围巾一长一短漫不经心地搭在肩上，鞋带松了也不知道，手里拿的、胳膊下夹的，都是零碎东西，不免让人担心，这个大大咧咧的小男孩会出现什么状况呢？封面留下的悬念，是不是已让人浮想联翩？

《阿黛拉和西蒙在巴黎》封面

也许你非常好奇姐弟俩的遭遇，翻开了书页，开始按部就班地阅读。也许你是位图画书阅读的行家里手，可能会将书翻个个儿，直接跳到封底。被你猜中了，这本书的封底画面藏着重要线索。封底的唯一角色就是这个小男孩，他牢牢占据了中央位，邋遢的穿着，通红的脸蛋，比封面上的他更凌乱。散落的猫咪图画、书、围巾、手套、帽子、包、外套、毛衣将这个小男孩包围在中间。这些东西是弄丢了吗？怎么丢的？丢哪儿了？小男孩有没有找到它们呢？在哪儿找到的？

封面封底一起看，我们会有新发现。

《有那么一天》这本书的封面图画看起来很简单，一个扎着羊角辫的女孩和她的兔子亲密地坐在一起，小女孩的表情带着一丝俏皮。她在想什么呢？小女孩坐在什么上面？隐约看到这红色的大坐垫旁倚着一把梯子，这究竟是什么呢？翻到封底看一看，答案揭晓，原来是个大红气球！坐着大红气球在云端幻想"有那么一天……",这本身就很奇妙、梦幻。

《有那么一天》封面

小猫和小鹰撞上了,"咣"一声,看看他们紧闭的眼睛,痛苦的表情,还有身后爆炸了似的纹样,这一下撞得真不轻啊!联系书名"跑跑镇",也许这个小镇的居民就是喜欢快跑,居民中还会有哪些人像小猫和小鹰这样对撞,它们这样撞来撞去,会撞出什么来呢?如果你阅读了全书会发现封面图是作者特地设计的,书中并没有这样的一页,只有它们相撞之前的速跑姿态和相撞之后的神奇结果,这么"咣"地

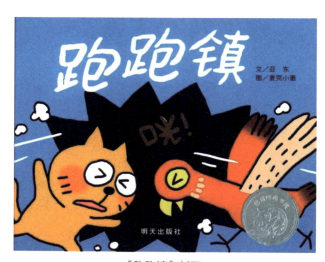

《跑跑镇》封面

撞一块儿，正是故事的主要情节。

2. 总结

图画书封面里有什么？

（1）故事背景；（2）重要角色；（3）精彩场面；（4）主要情节。

· 继续之前 ·

在开始下面的阅读前，请找到这几本书的封面图，观察一下，你看到了什么？有哪些猜想呢？

《云朵一样的八哥》
《我的爷爷奶奶超级酷》
《别让太阳掉下来》
《偷书小兔》

（看完封面后，可以再看看封底。）

二、环衬的小心思

图画书艺术家和编辑们的巧思藏在一本图画书的许多细节中。不少读者习惯于翻开书直奔主题，跳过环衬、版权页、书名页，直接来到讲述故事的第一页。其实很多图画书的环衬、书名页中也有故事在，有看头，有讲头。以环衬为例，如彭懿在《图画书应该这样读》中所说，如果环衬是张白纸，可以翻翻就过去，如果有颜色，还有图案、画面，那你至少得多盯个10秒以上，看看颜色给了你什么心理暗示，看看图案、画面与书中故事会有什么联系，"这个画面可能是后面故事的一个开头，可能是故事的一个线索，可能说出了故事的一个秘密，可能帮助你推测故事的发展……实在是有太多的可能了"。

1. 阅读示例

战争令人绝望，一切变得支离破碎，这个废墟里的故事名为《新生》。在这场劫难中幸存的人，有的活着，也像是死了。他们失去了家园，或只剩下孤寡一人，如何从头再来，获得新生？正因如此，这本书处处让我们看到希望。封面中泥泞的街道上有一只五彩的皮球，断垣残壁边站着一个小孩，虽然看不到孩子的脸，但能从画家的构图中感受到孩子正盯着皮球看，仿佛下一刻，她就会玩起球来，再下一刻，就会有更多的孩子加入进来。这样的画面是不是燃起了你对美好生活的憧憬？环衬上的图案是一串串小红果，尽管它们长在枯枝败叶间，但这繁多的小红果正孕育着无数个新的生命。环衬图案传达的氛围正和故事的结局吻合——故事的最后，几乎一无所有的人们有的提着自制的小灯，有的拉着手风琴，他们剪出和平鸽挂在树间，举行了一场庆祝新生的派对。

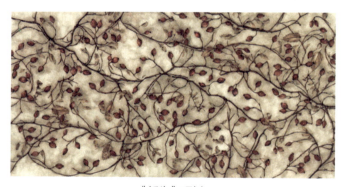

《新生》环衬

《蚂蚁和西瓜》讲了一群小蚂蚁想尽办法把一块西瓜搬回家的故事。翻开书，映入眼帘的是环衬上规则的纹样，细细看，一排排一列列的都是小蚂蚁。它们卖力奔跑，朝着一个方向，好像有谁发了一声号令，蚂蚁们个个一副腾空而起的姿态。于是你知道了，搬西瓜的不是一只两只蚂蚁，而是整个蚂蚁家族，好多好多数不清。于是你知道了，对于蚂蚁而言，搬运这么大一块西瓜是一件多么费力、多么不可思议的事。

故事开始的第一页："在一个好热的夏天的下午，蚂蚁们发现了一块西瓜。"

这块新鲜、完整的西瓜从哪儿来？我们可以在这页图上看到远去的来这里郊游的一家人。也许这块西瓜是这家人留下的。翻到前面故事书的书名页，清清楚楚地画出了这家人野餐的情景，虽然画面写意，不过野餐篮旁边的西瓜片却清晰可见。阅读图画书时，你可以在环衬、书名页的细节里，找到故事的枝枝节节。

《我爱我的爷爷》中爷爷在奶奶去世后，来到了小孙子家。三代人各有各的习惯，尤其是爷爷的生活习惯跟晚辈有很多不同，但晚辈的体贴和长辈的慈爱让一家人相处融洽。书中明里描绘了一段祖孙三代共处一室的生活故事，暗中讲述了一位老人如何从失去伴侣的阴影中走出的过程。

这本书前环衬与后环衬都是分格图，有些像漫画。按自上而下、从左到右的顺序看，前环衬一格一格主要描画的是爷爷奶奶一起生活的场景。他们早餐喝茶、晚餐喝酒，在小院的长椅上聊聊报纸上的消息，他们各干各的活儿，爷爷喂马，奶奶洗衣，相依相伴。一直到奶奶去世，爷爷悲伤又孤单，拎起行李，坐上火车，离开了那个熟悉又悲伤的地方。后环衬是一组爷爷重新回到乡下家里的生活场景。与前环衬不同的是无论是喝茶、喝酒、看报，还是洗衣、购物，都只剩了爷爷一人，相似的是他的脸上渐渐有了笑容，这一细节透露出爷爷已经渐渐适应了一个人的生活，日子重归平静与恬淡。让人高兴的是，我们从后环衬最后的四格图中看到爷爷收到了孩子们的来信，他穿戴整齐地去车站接孩子们，原来是住在城里的孩子们来看望他了。读完了这本书再细看前后环衬，尤为动人，一本书读了三个故事，实在过瘾。

《生命之树》是一本传记图画书，创作者彼得·西斯采用独特的方式展现了达尔文人生的重要阶段。内容庞杂、深沉，图画处理也很考究。前环衬的 24 幅分格画面，猛一看，莫名神秘，不知所云。细细观察联想，你会发现最上面横向六格画的是造物主六天创造世界万物的故事。其余分格展现的是不同人种、民族关于生命的古老猜想。前环衬的这部分内容成了达尔文一生故事开始的引子。

后环衬同样有 24 幅分格画面，这些画面呈现了人类对生命本身的一次次探索，其中有对人类科学进步起到重要作用的思想家，也有表示生命研究进展的神奇符号。前环衬是故事的引子，后环衬的图画则是一串省略号，未完待续。图画里的每一个人物和每一个符号，都是一个新的故事。

《生命之树》前环衬

《爷爷一定有办法》的环衬是故事里那条有着星星月亮图案的深蓝色毯子,那是约瑟夫最喜爱的一条毯子,爷爷的爱就藏在这块老旧的毯子里。

《隐形叶子》的环衬是一棵枝繁叶茂的大树,一片叶子缓缓落下,这会不会就是那片神奇的隐身叶呢?这本书的书名页仍是一棵树,与之前不同的是枝头伏着一只黄黄绿绿的螳螂,不仔细瞧还真看不出,难道螳螂有隐身术?画面细节时时关照故事主线。

《隐形叶子》环衬

《迷戏》的前后环衬上河边有同样的一群人，乍一看没什么不同，耐下心来盯个 10 秒以上，你会发现这同一群人前后的表情不同，前面静谧闲适，后面焦灼难安，这是为什么呢？在"战争与和平"的主题之下，人们表情变化的原因是否已然明了？后环衬上河水中的倒影也因风吹波动而不如前幅的那般宁静与安详，象征战火逼近。

2. 总结

为什么读环衬？

（1）突出故事主角；（2）体现故事主题；（3）渲染故事氛围；（4）讲述故事的前缘后续。

> **·继续之前·**
>
> 在开始下面的阅读前，请重读几本你手边的图画书，发现环衬隐含的意思。

三、角色的动感

图画书的画面是静止的，但图画努力为读者呈现电影般的动态发展。角色的眼神、表情、动作是画面的动感来源，想看到栩栩如生的纸上大片，需读出画面的动态，有时画家会用或直或曲、或长或短的线条来表现画面的动感。阅读时要能"把绘画静态的'一瞬间'，通过想象扩展为画面的'过去'和'未来'"（金波）。

1. 阅读示例

《怕浪费的奶奶》看到小孙子刷牙时灌满了水杯还任由自来水哗哗往外流，

火气腾腾往上冒。她的眼睛瞪得溜圆，拧紧了眉头，按着小孙子的脑袋教训他："用一杯水刷牙就够了，怎么可以浪费呢？"看着横眉怒目的奶奶，朗读这句话时语调也会忍不住高八度吧。平时慈爱的奶奶勃然大怒的样子吓坏了小孙子，他震惊之余忐忑慌张，感觉下一秒就要号啕大哭了。小孙子的眼神、表情起到了烘云托月的作用。

《我也好想赢》中有一对好朋友，他们玩捉迷藏，小狐狸常常赢，伯特熊总是输，因为他藏的时候不是爬上一棵叶子稀稀拉拉的树，就是把脑袋钻进山洞，屁股露在外面，总是一目了然。伯特熊也好想赢，这次他打算躲到远些的地方。小狐狸很配合，为了给伯特熊充足的时间，他要从"1"数到"100"。万万没想到，伯特熊的围巾松了个线头，而这线头好巧不巧钩在了他出发地的一棵树上，这下，不管他跑多远，扯开的围巾毛线将他的踪迹暴露无遗。结果是谁赢了呢？这个小秘密暂且不透露。这场游戏结束后，当他们再玩捉迷藏时，伯特熊发现小狐狸帽子上的线头也冒了出来，他的身子朝前一动不动，但小眼睛却乜斜着，看向小狐狸，注意他的小爪子，跃跃欲试……这本书中的角色平静呆萌，画家的表达克制含蓄，角色的小心思藏在那些微妙的神情和细微的动作中，阅读时，要善于发现。

《脏话》里并没有脏话。在读这本书前，我很难想象写给孩子的书如何来表现脏话。作者用一个个杂乱的黑线团来表现脏话，它们看起来让人心烦意乱，正如听了脏话的感受。不会有人专门学说脏话，可又似乎人人都会说脏话，这些脏话从哪儿来呢？故事里的小男孩会专门把收集来的脏话存在脑袋的一个角落里。

"爸爸在家里敲敲打打时，总是让我的脏话收藏大有收获。"为什么爸爸敲敲打打时会骂出一串脏话呢？看图画，原来钉钉子时敲到了手指头，看看爸爸龇牙咧嘴的样儿，可以想象他是如何叽叽咕咕冒出一连串脏话的。再看看他的脚边，几个被敲得歪七扭八的钉子，墙上被敲出的裂缝，便可以了解爸爸生气懊恼的原因了。这里，静态的画面却让我们看到了从爸爸敲敲打打起到一连串打击后变得怒不可遏的动态过程。

《脏话》内页

"而爷爷只要一点芝麻小事就能让他破口大骂,但是只要他发现我正竖起耳朵听时,他就会硬生生地把脏话吞回去,然后开始咳嗽。"这个生活场景是爷爷看球赛时的暴跳如雷,他撞翻了茶杯,甩出拐杖,一团团黑线即将在他周围飘荡。同样静止的画面是不是让我们看到了电影般的活动场景?再来看看爷爷硬生生把脏话吞回去的画面,那根举起的拐杖现在找到了落脚点——它戳进了电视里。

这本名为《脏话》的图画书最终让读者明白脏话虽可以宣泄情绪,但会造成伤害,温柔好听的话却可以抚平所有的伤痛,不管伤痛是大还是小。

《我选我自己》讲的是动物王国的选举。为了进行一次公平的选举,而不只是让狮子一个人说了算,动物各族群候选人个个上台发表政见,为了获得支持,还到处张贴各党竞选海报。这是一场闹哄哄的选举,它的开始和结束都有些不可思议。各位候选人上台讲演姿态万千,老鼠高喊:"如果我做国王,就换成我们吃猫。"高贵的猫发表意见:"如果我做国王,老鼠将成为主食,而且我们永远都有新鲜的老鼠肉吃。"蚂蚁说:"一天工作20个小时是不够的!我还有更多工作给大家。"同时做了个胜利的手势。狼犬的诉求是法律和纪律,狐狸则认为国家是没有国界的,他还一边说,一边对在场的鹅眨眨眼……投票时的心机,公布票数后的混乱,活灵活现的一幕幕正是通过动物们的神态表现出来的。

《一园青菜成了精》由一首北方童谣改编而成,青菜、萝卜、豆芽、白菜、小葱和藕王展开了一场大战。战斗场面热闹非凡,双方阵营势均力敌,直到歪嘴葫芦放大炮，把茄子、黄瓜、大蒜、辣椒打得落花流水，藕王节节败退逃进泥塘。画家将蔬菜小兵和大王画得妙趣横生，无论是它们如妖精状从地里喷薄而出，还是激烈打斗时的刀光剑影，那些细碎生动的线条似乎要将角色们拉出纸面，活灵活现地站到读者眼前。

《一园青菜成了精》内页

2. 总结

如何读出动感？

（1）观察角色的眼神、表情、动作；（2）发掘那些有活力的线条里的含义。

· 继续之前 ·

在开始后面的阅读前，请找到以下几本书，欣赏一下内页，想象一下，发生了什么？

《大卫上学去》
《摇摇晃晃独木桥》
《苏丹的犀角》
《小石狮》

四、细节里的趣味

图画书的趣味和幽默感常常会表现在那些与故事相干或看似不相干的小物件等不易发现的细节中。这些物件单独拿出平平无奇，但作者以其非同寻常的想象力或特殊的安排，或古怪的组合，让它们像万花筒一样幻化出奇妙意涵来。《说说图画：儿童图画书的叙事艺术》一书中指出，"图画里的东西，其意义依赖于我们在多大程度上注意到它们，并将它们挑选出来加以特殊关注"。特殊关注意味着兴趣，兴趣越大，感知的准确度就越高。

1. 阅读示例

《不一样的菲力克斯先生》中，菲力克斯先生爱读报，爱剪报，爱去大学图书馆，因为知识渊博，他很受大学生的欢迎，他还爱给自己的胡子扎小辫儿，这些让他看起来与众不同。最令大家惊异的是菲力克斯临时起意参加自行车赛的事儿。他骑上一辆老旧的自行车掺和到年轻选手的队伍中，竟慢慢超过了所有人。在快得到冠军，大家眼巴巴地盯着准备为他欢呼的时候，不一样的菲力克斯做出了个很不一样的决定……其中一幅图画上，菲力克斯正坐在台阶上和大学生们聊天，他的身边有一尊石头塑像，这尊塑像作为校园装饰很容易被读者忽略。这个物件一定有它的作用，图画书的读者应该有这样的敏感。塑像的基座上刻着"密涅瓦"的英文字样。密涅瓦是谁？她是罗马神话中的智慧女神，也是手工业者、学生、艺术家的保护神，对应希腊神话中的雅典娜。菲力克斯是个极爱学习的人，他的热爱很纯粹，与考试、升职等功利性目的无关，让他和智慧女神同框，也许是在启发读者思考智慧的含义和学习的目的。

《蚂蚁和西瓜》的语言非常简单，画面丰富多彩，细节满满。画面中你能看到蚂蚁洞的布局，隧道连通着各个专用室，不管是存糖果、饼干、水果、薯片的，还是藏宝物钟表的，或是蚂蚁的育婴房，甚至正在施工的隧道都塞满了西瓜瓤，真是"太多了，再也放不下了！"假使没有这样的图画，只是一句"太多了，再也放不下了！"你会做怎样的想象呢？如果你细细看，会发现不光蚂蚁窝各个小洞功能不一,蚂蚁们也有各自的分工,戴着高帽子的蚂蚁大厨挥舞菜刀,正在施工的蚂蚁工程师手拿铁锹。人类世界的蚂蚁版的妙趣都在这些细节中了。

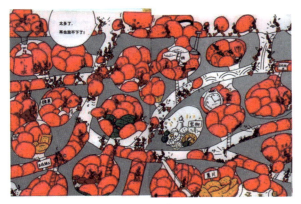

《蚂蚁和西瓜》内页

《朱家故事》是安东尼·布朗的作品,英国《卫报》对它的评论是:"一个几乎颠覆了传统家庭伦理的玩笑,细节上变化的视觉游戏营造出令人眼花缭乱的效果。虽然讨论的是一个关于性别歧视的严肃话题,但作者将故事讲述得趣味横生。"从封面我们就可以看出,朱太太一个人背着朱先生和两个儿子,朱先生和两个儿子圆圆胖胖乐呵呵,而朱太太一脸平静和木然。因为每天这样衣来伸手饭来张口,朱太太离开了家,朱家父子变成了真正的猪。

朱先生投在墙上的侧影,在暗示着什么呢?他正在读的报纸上有猪的图案,朱先生衣服上的扣子、胸针,门的把手,墙上的开关,墙纸上的图案都是猪。女主人离家的这一天,墙上的画里,女人的形象神秘地消失了,绅士的脸也成了猪脸,壁炉边的装饰画,墙纸上的图案都是猪。朱太太留给了他们一张纸条,拿着纸条的是一只猪爪子。

在这本书里,猪的图案无处不在,令人眼花缭乱。从故事开始,图上普普通通的各

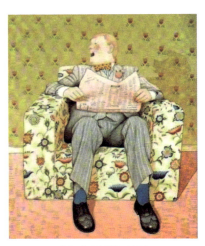

《朱家故事》内页

种装饰、各种小玩意儿，到神不知鬼不觉地变成猪形，作者暗示着事态的发展与变化，这个变化过程也是图画中的故事线索。

2. 总结

如何发现细节里的趣味？

（1）前后联系想象意义；（2）关联主题读出暗示；（3）隐藏的故事线。

·继续之前·

在开始下面的阅读前，请重读几本你手边的图画书，找找那些你之前没有在意的小细节，想想它们的意思。

五、版面设计的玄机

一本优质图画书的诞生源于艺术家和编辑们创作与设计的用心，你读着这样的书，每一遍都有新的发现和惊喜。为什么有的书大，有的书小？有的书方，有的书长？为什么这本的色彩这样明媚，那本这样柔和？为什么这本只用黑白两色，那本黑白当中又夹杂着五彩？为什么有的图画是单幅的，有的却设计成跨页的大图？为什么有的图有边框，有的没有？为什么同一本书中的文字也有大小之分？为什么这些文字不规规矩矩地排着，而要排出些花样来？当我们在翻页的时候，常常有一种期待，因为创作者们总是要吊足我们的胃口。这部分笔者将版式、色彩、节奏、文字排列等都归入版面设计，也将从这些方面提示图画阅读的要点。

1. 阅读示例

一本书的大小尺寸也会影响读者的阅读感受。开本大的故事丰富而热闹，像《想当国王的老虎》;开本稍小的故事精致细腻,如《完美搭档》。长方形的图书或横或竖,横版通常从左往右看,竖版通常从上往下看,而不同走向的视线移动将影响读者的情感体验。《上面和下面》这本书作者选择了垂直翻页,既直观表现了植物地上和地下的不同部分,更引发读者的互动,你会选择上面还是下面呢?

据《说说图画:儿童图画书的叙事艺术》一书中关于颜色表达意义的观点,对图画书氛围影响最大的是色彩的情感关联意义——蓝色与忧郁、黄色与快乐、红色与温暖等。艺术家们运用合适的颜色激发出特定的情感氛围。《猴子捞月》以暗绿、暗棕为主色调,唤起了一种离奇而神秘的气氛。《年》中画家用火红的颜色暗示喜庆和温暖。插画家们会在同一本书中变换主导颜色以传达各部分不同的氛围。《壁橱里的冒险》发生在樱花幼儿园。在樱花幼儿园里,有两样可怕的东西——壁橱和鼠外婆。孩子们打打闹闹,吃饭睡觉不安静,怎么也不肯安静,水野老师就把他们塞进壁橱,这个办法能让犯错的孩子迅速认错。明良和悟志在睡午觉的时候打了起来,水野老师把他们关进壁橱,可是两个孩子怎么也不肯认错,在壁橱里关了好久,开始了一次壁橱里的冒险之旅。整个故事的画面几乎都是用铅笔线描的方式画成的,以黑白两色为主,只有两页色彩缤纷。第一张彩页出现两个吵架的小朋友玩了起来,他们在黑洞洞的壁橱里拉起了手。画面上出现了两道耀眼夺目的彩虹,这彩虹像握在一起的手,也像一道桥梁,沟通了幻想与现实。之后,故事便描绘了两个孩子的幻想世界,如何用口袋里的小汽车和小火车玩游戏,这里,出现了第二幅彩页。丰富的色彩表达出两个孩子游戏情绪的高涨,表现了幻想世界的瑰丽。

本杰明·赖特和李·雷恩沃特等心理学家指出,最能传达情感含义的是色彩的饱和度。他们的研究显示:欢乐的氛围、华丽的程度、力量感、优雅等都更多地取决于饱和度。因此,佩里·诺德曼认为《母鸡萝丝去散步》气氛欢快,整本书都很明亮;《为什么蚊子老在人们耳边嗡嗡叫》色彩华丽(颜色饱和度极高)、说服力强;《彼得兔的故事》有一种得体的雅致(颜色不饱和,阴影较淡)。

如果不用色彩,线条便会更加明显,如《失落的一角》。

《停电以后》故事中的一家子每个人都在忙自己的事,爸爸做饭、妈妈工作、姐姐煲电话粥,小妹妹无聊透顶,没有人有空陪她,说说话或是下一盘棋。突然间,停电了,饭做不了了,电脑也暂时罢工了,家人竟然因为一次恼人的停电享受了久违的天伦之乐。书中多处用分栏(对画面进行纵向或横向分割形成的视觉效果)来增强故事的节奏感。分栏诞生了不同的视角,展现了时间的进程,创造出不一般的视觉趣味。马丁说,插画家往往会通过调整视角和场景、特写和远景等手法,增加画面的变化,激发读者翻页的欲望。

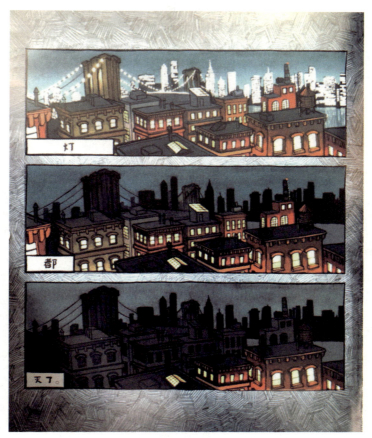

《停电以后》内页

《朱家故事》的结局究竟怎样,当然父子三猪都变回了人,朱太太回来了,他们自然不能回到猪一样的生活,从此朱先生洗碗,两个孩子自己整理床铺,父子三人一起做饭，帮着朱太太料理家务，大家都很快乐，这是一个皆大欢喜式的结局。

这幅图中朱太太的脸上有块黑斑，这是什么？先前的图中朱太太的脸上并没有这样的标志啊！

《朱家故事》内页

往后翻看："她把汽车修理好了。"让人有些惊讶，本以为皆大欢喜式的结局标志着这个故事的结束，没想到真正的结局在这里——朱先生料理家务，朱太太修理汽车，家庭角色在这里换了位。我们可以这样理解，朱太太是闲不住的人，改造朱家父子并不意味着自己从此过上猪式生活；我们也可以理解成理想中的家庭成员关系本没有谁主外谁主内之分，大家都贡献出自己的一份力量；或者说，作者原本讨论的无聊、懒惰的大男子主义变成了一个新的话题——女权主义……翻开的这一页令人回味，既是结束，又好像是一个新的开始。如果作者省去"妈妈也很快乐……"这一页，直接进入"修汽车"这一页，效果又会如何呢？

《你很快就会长高》的主角是小个子男孩阿力，他盼望快快长高。他听妈妈的话，连续三个星期一直吃鱼吃蛋吃鸡肉、奶酪和豆子，每天喝八杯牛奶，可是没有用，他一点儿也没长高。他听爸爸的话，连续三个星期每天绕着花园跑步，不断地跳高、跳绳；姐姐说，多睡觉就能长高，整整三个星期，一到睡觉时间，阿力就乖乖上床，从不拖拉；老师说多读书，读很多书，很快就会长高，阿力非常努力，很用功。可是，这些都没有用，阿力一点儿也没长高。他很不快乐。

阿力的叔叔是个高个子，阿力打算请教他。故事用一幅跨页的大图展现这位高个子叔叔，令人震撼！令阿力憧憬的高个子生活得如何呢？因为个子高，经常塞不进汽车；因为个子高，进门时额头常常撞出包；因为个子高，冬天也只能穿短裤，因为买不到合身的衣服。高个子的烦恼真不少。

叔叔教阿力享受生活，对着镜子微笑，讲笑话给同学听。结果阿力真的变了，"阿力变成了一个最快乐的男孩！"一幅跨页大图，是阿力快乐的笑脸。快乐的力量和高个子的力量同样强大，同样占满整个画面。

图画书里的图，有时是单页，有时是跨页，单页的图多于跨页的图。相较于单页图，跨页图会给读者带来不一样的视觉冲击。

《我那不可爱的妹妹》这本书为二宝（多宝）家庭量身定制。妹妹视哥哥为心中的偶像似乎是天经地义的事，但哥哥们的态度就大不同了。浩太和麻穗只相差一岁，哥哥自己还是个玩不过来的小小孩，哪会有什么照顾妹妹的责任感？这个黏人的妹妹，随时随地会让自己丢面子的妹妹，就成了"我那不可爱的妹妹"，哥哥当然是能躲就躲。为了区别不同人物的语言，编者用了三种字体，同时用变形、变色的方式提示故事发展和人物情绪。瞧瞧妹妹和哥哥说的话，那些文字看上去给人什么感觉。

《小心大野狼》的故事创意独特，作者罗伦·乔尔德颠覆了经典童话《小红帽》的故事情节。在这个故事里，作者让《小红帽》里的大野狼，封底上的小野狼，《灰姑娘》里的仙女，《睡美人》中的巫婆统统从故事页上掉落到小男孩赫博的家里。大野狼和小野狼要吃掉赫博，赫博智斗大小野狼，再加上仙女帮忙才化险为夷。这本书中的文字有大有小，字体、位置都突破常规，有的写在镜子里，有的呈倒三角形，有的写在书脊上，尤其是赫博尖叫"救命啊！"这三个字大小形状、编排设计让人触目惊心，好像赫博的小命真是危在旦夕。在图画书里，有的时候文字也是一幅画。

2. 总结

版面设计看什么？

（1）色彩会说话；（2）分栏增强节奏感；（3）翻页的乐趣；（4）跨页的震撼；（5）文字有时也是图。

> · 继续之前 ·
>
> 在开始下面的阅读前，请重读几本你手边的图画书，去发现版面设计的玄机。

· 第二节 · 图文阅读 ·

在这里，语言和图画是一种互补的关系，文字是整体语段的碎片，图像也一样，信息在一个更高的层次上达成统一，那是故事的层次。

——罗兰·巴特

从图画书叙事的整体效果来说，文字和图画的贡献方式是不同的。佩里·诺德曼认为文字最适合用来描述细节之间的关联，而图画最适合用来呈现整体感觉。文字能详细说明较为重要的时间性信息，而图画能传达最重要的描述性信息。文字讲述了一个线性的、序列的、有因果关联的故事；图画是发散的，模糊的，表达了更为丰富的叙事元素。

文字提供叙事的焦点，拿《隐形叶子》封面来举例，一个男孩用一片叶子遮住自己的眼睛，如果不看"隐形叶子"这四个字，我们可以猜想这个男孩在玩某种游戏，或是他因为什么事害怕，害羞。但因为有了"隐形叶子"这几个字，我们就会将目光聚焦到叶子上，思考与想象也同步聚焦到叶子的神奇之处——隐形功能。

同样，图画也会改变文字的叙事要点。《狼会来吗》从封面开始似乎要讲述一个小兔子对狼的恐惧。翻开正文，每一页都是小兔子和妈妈关于狼的对话，"妈妈，你真的确定狼先生不会来了吗？""可是……你怎么能确定呢？"妈妈想尽办法和小兔子确认狼不会来了，因为没有狼了，被猎人赶跑了，就算有也藏得严严实实的，就算狼不怕被逮着，他也没那么聪明能穿过城市找到小兔子家等。当听到"笃笃笃"的敲门声时，图画中的小兔子不是躲进被子，而是迫不及待地冲出自己的小房间去开门，一见到门外的狼先生便激动地跳起来抱住他，幸福地说："我就知道，你一定会来的！"作者巧妙地利用一般人的成见和读者开了个玩笑，看到这个结尾，读者惊诧感叹之余会再次回到文字，寻找小兔子不是害怕而是期待狼先生到来的蛛丝马迹。这时候，我们会放下成见，重新思考作者用文字精心编织的故事。

不少专业人士研究和阐述过图画与文字的关系，佩里·诺德曼在《说说图画：儿童图画书的叙事艺术》中用一章来说明，非常专业细致。佩里·诺德曼认为，图画在文字提供的信息的基础上，还增加了以下信息：图画证实文字的信息、图画提供与文字对等的视觉信息、传递文字从未表达的信息、图画描绘最贴切的文字也无法表述的事物、传达人物性格信息、表达作者的态度等。在《观赏图画书中的图画》一书中，作者珍·杜南总结了图文有以下几种关系：图画可能会详尽地表现文字内容，也可能扩充、延展或者补充文字未尽之处；图画还可能和文字叙述背道而驰，将读者引导至不同的方向，其中的一种形式是文图并行，却各说各话，形成两个各自行进的故事。《图画书宝典》一书参考不同学者对图文关系的表述，将图文关系提炼为三个大类：对称关系、补充关系、矛盾关系。总体看来，各位学者观点接近，区别在于表达略有不同，分类粗细不一，笔者以为《图画书宝典》中的归纳更为清晰，简易，便于初学者了解。本节也将从这三个角度举例说明图文阅读的方法。

在图文的阅读中，我们"从文字中听到了什么东西，我们就会想要看到这个东西，看到之后，我们又会重新解读我们所听到的。因此，文字改变着图画，图画也改变着文字"（佩里·诺德曼）。

一、对称关系的阅读

在图文对称的图画书中，文字和图画讲述的是同一个故事。尽管读者有时会从插图中找到一些文本不曾提到的内容或暗示，但在大部分情况下，图画和文字的地位是平等的。（丹尼丝·I·马图卡）

《蚂蚁的故事》的主角是一只叫缇娜的小蚂蚁，她每天和她的小伙伴们一起做着重复的工作，生活得千篇一律，可是缇娜很想做一只与众不同的蚂蚁，怎么改变呢？每天挖地道的工作似乎不能不干，也无法改变，那就给自己穿上件黄T恤吧。无奈，蚂蚁们都学她，不管她给自己换上什么颜色的T恤或是戴上围巾、穿上袜子，蚂蚁们都一一效仿。缇娜绞尽脑汁想要一个独一无二的点子。故事中的文字与画面内容基本匹配，当画面上是一只穿着黄T恤的小蚂蚁时，文字为"于是，她穿上了一件黄T恤"。穿着黄T恤的蚂蚁在画面中是静态的，而文字赋予了缇娜穿上黄T恤的动态，甚而引发了读者的思考和想象，她是如何想到这个点子的，这样读，静态的画面成了一个连贯的情节。当画面中有一群小蚂蚁时，文字为"可是，缇娜很想做一只与众不同的蚂蚁"。谁才是这群长得几乎一模一样的小蚂蚁中的缇娜呢？结合"很想做一只与众不同的蚂蚁"的文字指引，我们认准了蚁群中那个唯一睁着眼睛的小蚂蚁，她就是缇娜，作为主角，画家将她画在了较为醒目的中间位置上。除了这双睁着的有些懵懂和疲惫的眼睛，缇娜与其他蚂蚁并无二样，而这个细节文字中并未提及，阅读时需要图文联系回环着读。

二、补充关系的阅读

在图文互补的图画书中，插图会丰富或充实文字内容的表现力，文字有时

也会丰富或充实插图的叙事效果。图文二者的关系更加复杂和灵活多样。（丹尼丝·I·马图卡）

《迷戏》是由姚红根据她的母亲姚月萌的同名散文改编的图画书。1937年抗战前夕，小女孩的家里来了一位特殊的客人，他就是著名的京剧表演艺术家筱云仙。这位有着美妙嗓音的伯伯每天清晨在秦淮河边练声，总是会引来河对岸满满的人驻足观看。小女孩第一次进戏园子听戏，看到了华丽的舞台和戏服，听到了字正腔圆的文戏，看到了动人心魄的武戏，深深被吸引，连做梦都是舞台上的场景。战火逼近，筱伯伯匆匆离去，送给了小女孩一个京剧头饰作为礼物。日军侵占了南京，轰炸机来得迅疾猛烈，人们都挤进了黑暗潮湿的防空洞。从此，小女孩再也没有见到过筱伯伯，而第一次走进戏院，第一次为京戏深深迷醉的那样的夜晚再也没有了。

故事的第一页文字为"深秋的一天，对街的邻居叔叔匆匆赶来请出我的二舅，低声地商量着什么事情"。画面中我们可以看到与文字呼应的邻居叔叔、二舅商量事儿的情景。另外，作者还描画了狭窄的巷道，白墙黑瓦屋檐参差，青石板小路斑斑驳驳，门前买萝卜的大娘，挎着篮子的妇人的背影……这一切无不散发着宁静的生活气息。画面左侧特写一般的征兵海报、标语揭示了故事的背景，筱云仙的宣传画暗示着他是故事中的重要角色。

故事中讲述小女孩去听戏的一幅图是个跨页大图，文字仅有"早早地吃过晚饭，我们赶到了戏院门前"。大图展现的是广场上的街景，我们仿佛跟随着"小女孩乘坐人力车，来到街市见识了贩夫、走卒、剃头摊、小吃担、报亭、演讲、军车……画面再收拢于名角筱云仙的巨幅海报"（姚红）。

如果有机会阅读《迷戏》这本书，也许你还被其中横跨四个页面的大展页吸引，那是筱云仙在舞台上唱戏的画面，三出戏，分别是《贵妃醉酒》《抗金兵》《天女散花》。画家竭力用无声的画面向我们全面展示京剧之美：筱云仙华美的服饰、妩媚或英武的扮相、唱念做打的美妙身姿；贵妃扇子上的牡丹、兵士的盾牌、天女的飘带、璎珞；布景上的花鸟、旌旗、祥云、宫灯，精美的舞台布景，严谨细微却处处透着精致。热烈的演出氛围、观众的赞叹沉迷，打开展页，扑面而来绚丽的色彩、热闹的氛围让人眼花缭乱、目不暇接。（张向荣）

大展页中的文字部分是观众的对话和对三出戏的简介。大展页的设计增加了剧场效果，画面极大地丰富了文字的内涵，扩展了它的外延，常读常新，百看不厌。

作者姚红告诉读者，她在创作此书的过程中所收集的资料可能百倍于画面所能呈现的部分，在装帧设计上，所用的京戏物件仿自《梅兰芳访美演出图谱》。作者原汁原味的刻画，希望能让读者触摸那个时代的温度，作为阅读的人对于字少画丰的部分则需增加背景知识以探视全貌。

三、矛盾关系的阅读

在这类图画书中，文字和图画看起来是彼此矛盾对立的，这对读者来说是一个挑战，因为读者要在图画和文字之间寻求平衡，从而理解故事的真意。（丹尼丝·I·马图卡）

这类的经典图画书非常多，如《母鸡萝丝去散步》《这不是我的帽子》《谁来我家》等。这里以《我的爷爷奶奶超级酷》为例，这是一本曾获得金风车国际青年插画家大赛金奖的作品。作者描绘了一对老人的生活，向世人展示了她眼中的老人的真相。文字为"有人说人老了以后就一点儿都不好玩了"。画面中，爷爷奶奶和一群年轻人坐在过山车上享受风驰电掣的刺激与欢欣。"有人说，爷爷奶奶都慢吞吞的。爷爷奶奶都笨手笨脚的。爷爷奶奶连腰都弯不了。"画中的爷爷奶奶和小孙子一起踩着轮滑、滑板车疾驰；左右手各一个锅同时烙三五个饼，身手矫健；爷爷奶奶做单腿下犬的体式比瑜伽培训班中其他人都标准，是绝对的优等生。文字说一回事儿，图画表现截然不同，文图间形成反讽（即矛盾，也称"反语"）的关系。你可以想象当文字内容为爷爷奶奶害怕新玩意儿、从来不跳舞、不懂浪漫、很安静、根本不爱探险的时候，画面中是何场景。在这样的图画书中，图画传达的信息彻底改变了整个故事的意义和效果。诺德曼认为许多图画书——实际上几乎包括所有最好的图画书——不仅说明了图画向我们展现的内容多于文字能够表述的内容，还将文字和图画之间的区别作为一个重要的乐趣来源，从而达到了巴特所说的"更高层次上的统一"。

《观赏图画书中的图画》一书中提及有研究显示，阅读一本图画书时，读者通常会先浏览图画，然后才阅读文字，之后借由文字的引导再回到图画中重新诠释所看到的图画。整个过程中，文字帮助我们诠释图画；反之，图画也会帮助我们诠释文字。阅读图文为矛盾关系的图画书，我们可以尝试用"为图画加上文字"或"为文字配图"的方式体验反讽的乐趣，发现作者独特的表达方式。

第三章
图画书的阅读和教学

Q：教学图画书的课上要认读生字词吗？

A：图画书阅读课的首要目标是邀请孩子们享受一个美妙的故事，区别于一般的语文课，生字教学可以忽略，或者在不破坏聆听和阅读兴趣的前提下巧妙进行。

Q：中高年级还可以进行图画书教学吗？

A：可以，且很重要。图画书比起其他文学样式更能培养一个人的视觉素养，在信息丰富表达多元的时代，这对孩子、对成人，都是不可缺少的能力。

Q：什么是"视觉素养"？

A：视觉素养是从以图像形式呈现的信息中解释、协商和表达含义的能力。简言之，就是不仅"看得见"，而且要"看得懂""看得好"。

Q：教学图画书时，要完整地讲故事，还是要停下来提问，断断续续地讲呢？

A：两种形式皆可，这要因教学目的而异，因人而异，因书而异。

Q：有些图画书虽然看起来简单，含义却很深刻，这些都要讲给孩子听吗？

A：根据孩子的思维发展特点、生活经验、阅读能力做出判断，原则是："跳一跳，摘到桃子"。

Q：按什么标准选择不同年段的教学用图画书呢？

A：从图画的角度，无论什么年段都适宜选择图画语言丰富、图画细节突出的图画书。

从文字的角度，简洁明白，有节奏感的适合低年段；风格显著，更具感染力的适合中高年段。

从内容的角度，富有想象力，与儿童生活相关的图画书适合小学各年段，越往高年段故事内涵需更引人深思，故事背景也可更为开阔。

Q：在家里讲图画书给孩子听，要提问题吗？

A：可以提，以不打击阅读热情为前提。有交流和探讨的阅读会更深入，也更能培养孩子良好的思考习惯，提升思维力。

Q：提什么问题呢？

A：总的原则是：问题好玩，不宜太难。具体可参照本章内容。

·第一节·教学目标·

阅读图画书，体会童真童趣，感受多姿多彩的生活，体验文学阅读的乐趣。
——《义务教育语文课程标准（2022年版）》

图画书拥有文字与图画双重媒介。书中的图画成为和文字一起述说故事的另一种"语言"，它们相辅相成，是一个整体，两者完美融合，给予了作品整体性和鲜明的风格。图画书阅读课是以中外优秀的经典的图画书作为阅读材料，通过对图画和文字的阅读指导实施文学教育的一门课。

一、图画书阅读课总目标

陪伴儿童享受图画书的乐趣，引导他们爱上阅读；培养儿童阅读图画语言的能力，提升视觉素养；在图画书的阅读、聆听和讲述中发展儿童的想象力和语言能力，提升思维品质；养育儿童诗意烂漫的精神世界，用美感、品位和见解来奠定儿童未来的生活态度。

二、图画书阅读课分年段目标

维度\年段	低年段目标	中年段目标	高年段目标
阅读力	能通过图画和文字的配合阅读、理解故事内容，积累、丰富语言； 发现图画细节，思考图画间的联系； 对故事中的角色有自己的看法； 培养阅读的兴趣与细致阅读、乐于分享的习惯。	阅读时继续培养并保持边读边想的习惯； 通过画面补充文字未细致描写和未涉及的内容，想象要针对故事内容，具有合理性； 能用自己的语言评价故事中的角色； 联系生活与阅读经验理解故事的意蕴； 初步感受不同作品的不同风格，并愿意寻找自己喜爱的同类作品继续阅读。	阅读时自觉做到边读边想； 体会图文融合而产生的新的意义； 联系生活与阅读经验思索作品中意味深长的哲理； 在老师的引领与同伴的碰撞中深入思考、理解图画书的内涵； 通过搜索资料了解图画书的创作背景，并有了解某位作家的愿望与行动； 尝试比较阅读。
表达力	讲述书中的故事，能讲得清楚完整。	讲述书中的故事，在讲述时能加入自己想象的细节。	讲述书中的故事，在讲述时能加入自己的理解与评析。
认知力	在图画书的阅读中，提高认知能力，建立人与万物的联系。	在图画书的阅读中，认识自我，理解生命趣味。	在图画书的阅读中，感受语言活力与哲学寓意。

· 继续之前 ·

在开始下面的阅读前，请判断你手边的图画书哪些适合进入课堂，你会将它们分别安排在哪个年级呢？

·第二节·基本范式·

一个真正合格的小学语文教师应该是一个文学研究者。因为跨过对文学作品的研究而直接进入文学教材研究既违反文学艺术规律，又违反文学教育规律。一个语文教师一定要珍视自己通过欣赏阅读所获得的文学阅读的乐趣。在课堂教学中，将自己的这种乐趣与孩子们的阅读乐趣进行交流、互动，是最优化的文学教材阅读教学的教学方法。

——朱自强

图画书进入课堂可进行阅读教学、写作教学、讲述教学，三种教学目的与形式各有不同，本书着重介绍的是图画书阅读教学的基本范式和方法。

图画书阅读教学的流程通常分为四个板块：故事进入、读中交流、读后讨论、拓展延伸，其中"拓展延伸"部分可根据情况决定是否保留。

一、故事进入

"故事进入"在图画书阅读教学的第一板块，主要目的为激发阅读兴趣，引发阅读期待。因为图画书图文合奏的特殊形式，本身对小读者具备较强的吸引力，所以故事进入的首选——从封面图文开始。前面读图的章节里介绍了封面的特点，封面相当于海报，简明扼要地宣传这本书，形式新颖，表现力强，从封面图文中读者能看到故事的主角、精彩的场面，了解故事背景和相关情节，这就是故事进入最好的通道。

比如图画书《猴子捞月》，封面色彩对比鲜明，巨大的明黄的月亮在深蓝色的夜空中尤为耀眼，画面背景充满了神秘感。三只猴子坐在山顶，抬头仰望，从侧影能感觉到他们的神往。这张封面图主角清晰,背景分明,开场就可以请孩子观察封面,猜一猜三个猴子在想什么,他们会怎么做。

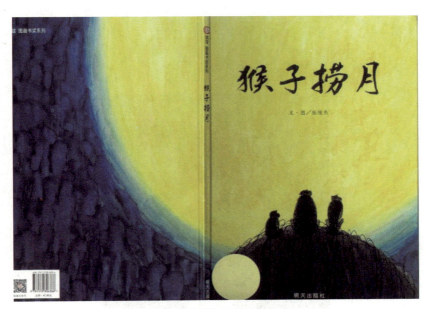

《猴子捞月》封面和封底

《威廉先生的圣诞树》的封面故事感更强。这棵圣诞树实在太高大,在已经很高大的客厅里还不得不低下脑袋。看看威廉老先生的表情已经聚焦了问题——该拿这么大的树怎么办?接下去的故事将围绕着多出来的这一小截圣诞树展开。不同于《猴子捞月》是大家熟悉的民间故事,这个圣诞树的故事猜起来可真没谱,如果在上课伊始就让孩子们没完没了地猜,课堂时间分配就不太合理了。那该怎么做?

"封面封底一起看,有时会有新

《威廉先生的圣诞树》封面

发现"，看看这本书的封底，小小的圣诞树来到了小老鼠家，他们也在欢乐过大节。小小的圣诞树显然是大圣诞树上多出的那一截，它是怎么来到小老鼠家的？这样猜就有谱了。猜的主要目的不是抛开书本编自己的故事，而是设下悬念，激发起小读者浓郁的兴趣，同时将预测的读书法渗透到阅读中。

《威廉先生的圣诞树》封底

尽管每本图画书的封面几乎都能成为教学的入口，但读前交流还可从生活进入。例如教学《团圆》就可以直接从孩子们生活中的团圆时刻聊起。有一本诗意浓浓的图画书名为《窗》。窗，是生活中再常见不过的事物了，你透过窗子看到过窗外的什么景象？别人家的窗子里又上映着怎样的故事？从这样的话题开始《窗》的共读之旅，不仅引导小读者望向故事，也启发了小读者望向生活，这与《窗》的主题也是一致的。

小提示：

假设一本图画书的教学用时为一节课，那么无论开场时大家聊得多么起劲，也要将进入故事的时间尽量控制在五分钟之内。

> **· 继续之前 ·**
>
> 在开始下面的阅读前，请选择一本图画书，从封面和生活或其他你认为能引起儿童兴趣的角度设计故事进入的环节。

二、读中交流

读中交流是图画书阅读教学的主体部分，在这个时段里，师生共读整个故事，或由教师讲述为主，或邀请学生一起朗读，了解故事全貌，为读后讨论做好准备。既然是"读中交流"，不仅有"读"，也有交流，在趣味的欣赏与意蕴的深思中前行。阅读节奏时急时缓，有的画面和文字读过翻过即可，有时教师会按下暂停键，在一个或几个画面上停留，反复观察，联系前后，或提出与故事相关的问题组织讨论。仿佛是一场旅行，一路走走停停，看看谈谈，而愉悦高能的阅读之旅，依仗的是教师对沿路风景和旅行目的地心中有数与手中有方。

读中交流，读的是图与文，交流的是情感与思考。领读老师既要做到声情并茂地讲述故事，机智敏锐地发问讨论，含蓄克制地表达自己，还要让故事和讨论彼此融合，无割裂感，令小读者们始终沉浸在由作者和老师共同营造的和谐氛围中。在故事的情境里，小读者领略了书中世界的风情，而一个个问题、一次次讨论帮他们开掘了一条通向文本深处的地道。

关于如何讲述图画书故事，后面将详细说明，这里主要谈谈读中交流的提问。

以《吃六顿晚餐的猫》教学为例，故事说的是一只名叫席德的猫，住在亚里斯多德街的一、二、三、四、五、六号，每天可以吃六顿晚餐。由于亚里斯多德街的人彼此不相往来，因此席德的神仙生活直到他得了重感冒才中断，还是源起于兽医的发现。六位主人很生气，规定他以后每天只能吃一顿晚餐。席德不干了，它是一定要吃六顿晚餐的主儿，怎肯屈就。于是，他搬到毕达哥拉斯街，同样也是住一、二、三、四、五、六号，继续他的神仙生活。毕达哥拉斯街的人跟亚里斯多德街的人不同的是，他们会彼此交谈，一开始就知道席德是吃六顿晚餐的，大家都知道，所以没有人在意。

这本书的文字不多，寓意丰富，解读多元。你可以将席德猫看作主角，这是一个如何坚持做自己的故事；你可以从两条街上的人中提取原型，将他们看作主角的话就成了哲学人物介绍——两位伟大的哲学家亚里斯多德和毕达哥拉斯及他们的哲学主张。教者联系这本图画书的系列名称"Think"及书中两位哲学家的简介，将通过故事认识两位古希腊哲学家，了解两种不同的哲学主张在生活中的表现，如何看待具有不同生活态度的人和对自己生活方式的反思作为教学的主要目的。

基于这样的教学目标，读中交流时重点阅读的画面如：亚里斯多德街上同时出现的六位主人各自的行动和眼神，察觉他们的"彼此不往来"，思考"彼此不往来"的人心里是怎么想的。观察六位主人发现了席德的猫腻后的表情，意识到对席德吃六顿晚餐，亚里斯多德街上的人是坚决不能接受的，提问："为什么亚里斯多德街上的人不同意席德吃这么多晚餐？"最后，席德来到了毕达哥拉斯街，通过图画感受这条街上的人的相处氛围，提问："毕达哥拉斯街上的人愿意接受吃六顿晚餐的猫的原因是什么？"将思考逐步引向生活态度的不同而非个人心胸的宽窄。

读中交流中邀请孩子猜测故事的发展能时刻抓住他们的注意力，在盎然的兴味中锻炼了儿童的想象力、逻辑推理能力和表达力。

在《吃六顿晚餐的猫》教学中可以安排几处猜测，如，为了吃六顿晚餐，席德不得不扮演成六种不同的样子，因为六位主人有各自的喜好，因此席德有六个不同的名字，每个名字都是席德一个特点的代名字，叫"伙计"他得去抓老鼠，叫"无赖"他就要表现得很顽皮等。介绍了四个名字和特点后，最后两个名字请小读者根据特点来取，这考验了孩子们的读图能力，也是对他们语言表达与创意的挑战。最后和作者的取名一比，孩子们会惊叹，虽然只是两个字的名字，也是大有考究的。

又如，席德作为六家人家的宠物可以享受六个主人的爱抚、睡六张不同的床,这里提问:"除此以外,你觉得席德还会有哪些享受呢?"这一处想象在故事里是得不到印证的,因为作者并未再花篇幅去描绘这个内容,当孩子们兴致勃勃地猜想时,他们已经把自己当成了那个席德,什么六个玩具、去六地旅行,正是他们生活的写照,这个问题将孩子拉进了故事。

再如,把戏被戳穿了,席德将何去何从?他来到了另一条街会生活得如何呢?这两处预测需在领会作者创作脉络的同时,通过对画面细节的观察进行合情合理的推断。老师提问时要指点小读者看图,帮助他们回顾梳理前面的情节,有时还要联系平时阅读到的童话"套路"。总之,图画书阅读过程中的猜测不应是毫无根据的胡思乱想。

小提示:

读中交流需为读后深入讨论预埋阶梯式的问题。

情节猜想、故事预测虽有趣,但不可无节制,一路猜猜猜,破坏阅读兴致,教师的选择不可无理由,学生的回应不可无厘头。

·继续之前·

在开始下面的阅读前,请拿出你之前选择的那本图画书,按你设定的教学目标设计读中交流的问题。

三、读后讨论

读后讨论为儿童提供了深度阅读锻炼的运动场,从混沌不明到绞尽脑汁地穿出迷雾,最后获得拨云见日的喜悦与成就感,思维力将在这个环节得到充分生长。

读后讨论在读中交流之后,小读者读过了故事,认识了主角和配角,有了自己初步的思考,现在是协助厘清、促进他们提升思考力与表达力的时候。讨论话题可以从内容回顾、角色评价、意味提炼、形式分析、作品与读者的联系等几个角度设计。

以《一寸虫》为例。小小的一寸虫生活在草丛里，日子过得自由自在。一天，他遇见天敌知更鸟，为了保命，他突发奇想用身体做尺去为知更鸟量尾巴的长度。接下来他每天为各种鸟儿量他们的身长、嘴长、腿长……在险境中求生存。没想到夜莺让他量的是歌声，歌声怎么量？"虫"急智生，计上心来，他答应了夜莺的怪诞要求，趁着夜莺陶醉在自己歌声中的时候，悄悄逃走了。

浅浅地看，深深地想，李欧的书意趣太丰富了！这小小的虫子，有大大的作用，有大大的智慧，那些被他丈量的鸟儿似乎都有非常明显的"长"处，但他们的长都抵不过一寸虫的"长"，因为一寸虫可以丈量他们，判断他们，甚至略施小计便逃之夭夭地戏弄了他们，所谓长和短，就有了哲学上的意义。作者似乎在凸显每种鸟的"长处"，但他们在小小的一寸虫面前，从身形到智慧都失去了优势。一寸虫虽小心翼翼，最后还差点儿遭受杀身之祸。这样的高潮后，一个大反转，让读者惊叹小战胜了大，所谓的短战胜了长。

以这本书为例，我们可以设计如下话题：

（1）一寸虫分别为知更鸟、火烈鸟、巨嘴鸟、苍鹭、雉鸡、蜂鸟、夜莺量了什么？

（2）故事的什么地方让你紧张、开心、意外？哪里最有趣？什么地方最酷？……

（3）一寸虫为什么要替他们量？（如果一寸虫不为知更鸟量尾巴，结果会怎样？）

（4）你觉得故事中谁厉害，哪里厉害？

（5）一寸虫最终没有被他的天敌们吃掉，靠的是什么？

（6）你最喜欢故事里的哪个角色？

（7）你像故事里的一寸虫吗？哪里像？

（8）读了这个故事，你对"长与短""大与小"或者"强与弱"有什么新的认识吗？

（9）你认为知更鸟、火烈鸟、巨嘴鸟、苍鹭、雉鸡、蜂鸟、夜莺、一寸虫，哪个角色或者哪几个角色可有可无，可以去掉？

（10）作者说，这本书是他的自传，"自传"就是自己写自己的故事，你认为作者变成了故事中的哪个角色呢？

十个问题并不是要在一节课中全部提出来和孩子交流，而要根据课堂的重点、儿童的年段发展特点和需求进行选择。

如果根据读后话题设计的五个角度进行分类，以上十个问题分别属于哪一类呢？

小提示：

读后的讨论话题，有关于核心意旨的一类，需建立在"读中交流"讲述与讨论的前提上，有层递性，不可"无中生有"。读后话题角度、数量不宜过多，需相对集中。

· 继续之前 ·

在开始下面的阅读前，请拿出刚刚那本书，对，还是同一本，尝试从不同角度设计读后交流的话题。

四、拓展延伸

图画书教学的拓展延伸空间广阔，可以推动广泛阅读，从一本书到多本书，从书到电影、音乐和其他艺术形式，从一位作家到多位作家，从一类作品到另一类作品；可以提升写作力，促成创意作品的诞生，从只言片语到洋洋千言，形式多样，奇趣横生；可以从书中的人物、故事和场景中产生丰富的联想，引发仿效，更添生活深致；可以化身演员、导演、编剧、舞美设计师、配乐大师，在图画书的戏剧表演中认识自己、认识社会，体味不同人生……

1. 阅读推荐

一本图画书教学完，小读者意犹未尽，正是推荐阅读的最佳时机。如阅读了《驯鹿人的孩子》，推荐同一个作者彭懿的《巴夭人的孩子》，体会两本摄影图画书的异曲同工之妙。读完《三只小猪的真实故事》，推荐同类型书籍《三只小狼和一只大坏猪》《灰王子》等，继续享受颠覆版古典童话的乐趣，引导逆向思维；或推荐电影《罗生门》《公民凯恩》，让学生思考人性。读了《石头汤》，一起听听《分享》这首歌，在歌声中理解、增进情义；读了《桃花源的故事》去了解《桃花源记》原文，感兴趣的话还可以诵一诵、背一背。这里的阅读推荐不单单指书，也包含了电影、戏剧、音乐、画作等各类艺术形式。

2. 写作练习

图画书的题材符合童年趣味，孩子对故事里的内容有亲近感，这份兴趣会让原本痛苦艰难的写话、写作文变得轻松，出现超常发挥的现象。比如一年级的学生读了《一寸虫》，请他们续编故事：逃离了夜莺捕食的一寸虫，会到哪里去呢？写一写，或者画一画，也可以学着作者用剪贴的方式把你的想法记录下来。《三只小猪的真实故事》作为《大野狼日报》和《小猪日报》的报道会有什么不同？选择一个立场编写这篇报道。

以上几例的写作内容出自故事且回到故事，除此以外，还能从图画书中借鉴写作方法，发现更多写作话题。比如读了《荷花镇的早市》，尝试写写自己家乡的特产或风土人情；读了《安娜的新大衣》，写一个自己珍爱的礼物的故事。

图画书的篇幅短小，语言清浅，故事完整，情感丰富，童趣悠远，意蕴深长，非常适合作为儿童写作的范例。如习作"小小'动物园'"，用不同的动物来比家庭成员，创意就来自《我家是动物园》这本图画书。封面图上，小主人公祥太一手撑地拿大顶，一手抓耳挠腮，他的身边还散落着几块香蕉皮，你一看就能猜出祥太是只小猴子。作者仅用图画就能让小读者体会到猴相，不是因为外表，而源于行为和性情，这样写作时孩子们就能把握人和动物之间究竟该如何联系和想象。

再来看看文中的语言，如："我叫祥太，是个小男孩，其实呢……我是只小猴子，最爱吃香蕉，爬树很拿手，也很会模仿别人。"三言两语便突出了祥太最像小猴的几个特点，对于刚学写作文的三年级学生来说，很容易学习借鉴。而对于写作天分高些的孩子，他们不满足于文章里的寥寥数语，想写长篇大论又该如何写呢？

继续看书中图画。祥太在林子里从这棵树跳到那棵树，抓着藤蔓荡秋千。他骑在树杈上，还能像小松鼠一样，吊着树枝晃啊晃。鸟儿跟他可是老朋友，有一回，一条红蛇缠在树枝上，差点儿就要咬到小鸟了，是祥太三下两下窜到树杈上挡住了红蛇。不过看得出来，祥太也有些心有余悸。画面中的细节具体诠释了什么叫"爬树很拿手"，如果将画中的内容看仔细，描绘出来，就是文章中的闪光段落。不写小猴子的同学，向这本图画书学习的是如何多用几个小例子将一个特点写具体。

3. 生活游戏

图画书用儿童的眼睛来观察，按照儿童的心智和想象力量身创作，儿童能在主角身上看到自己的影子。故事主题与现实有某种关联，内容和意义也符合儿童理解范围与想象力的人生经验。图画书中的角色作为具有影响力的样板，他们的所为能激发小读者模仿的欲望。儿童在无意和有意的模仿中学习，掌握人际互动的机制，完善人格，提升自我。一本书图画书读完，书，放下了，而书中的角色、书中的故事也许在小读者的生活空间里复刻重生了。

记得在孩子四五岁时我读《猜猜我有多爱你》给她听，一边读，我们就一边情不自禁地模仿故事中的大小兔子，张开手臂、举起手臂、蹦蹦跳跳，歪歪斜斜地倒立，笑得滚来滚去。故事讲完了，再玩一轮"比爱"，最后"斗嘴"，看谁的爱多到无法超越，与书中不同，我和女儿的版本里以"小兔子"的胜利告终。教学中，老师和学生也可以一起玩这个"比爱"的游戏。

《逃家小兔》中表达"爱"的方式也很儿童、很经典。

"如果你来追我"，小兔子说，"我就要变成溪里的小鳟鱼，游得远远的。"

"如果你变成溪里的小鳟鱼，"妈妈说，"我就变成捕鱼的人去抓你。"

"如果你……"小兔子说，"我就……，……"

"如果你……"妈妈说，"我就……，……遇到你。"

这样的语言复制与仿造就是一场欢乐的游戏。

教学《石头汤》后，老师拿出事先准备好的代表"快乐"的糖果，并配合播放着愉快的音乐，让学生围成一圈传递糖果，当音乐停止时，糖果停留在哪位同学那里，就请他带着感恩的心，吃下那"快乐的糖果"，并与同学分享快乐，说一段"得糖感言"。

在《祝你生日快乐》的故事里，小丁子的妈妈教他做一种不用花钱就可以得到的蛋糕，可以请小读者透过自己的想象也去创造一个不用花钱的蛋糕。模仿《赶回家过圣诞节》中托托寄送的明信片，可以试着给自己的好朋友写一张明信片。

《你在开玩笑吗？》中的主角都是由生锈的铁丝、剥蚀开裂的罐头皮、没用的螺丝钉、被丢弃的纽扣、掉落的木头手柄等"废物"拼凑成的，作者想要表达的是每个人都有自己的独特之处，任何事物都有它的价值和生命。他"废物利用"的绘图手法与故事主题此呼彼应。读了这个故事，可以邀请小读者做个"变废为宝"的游戏，发挥想象力和创造力，锻炼动手能力。

兰州有一位程曦老师几十年执着于图画书阅读推广，她自诩是个图画书玩家，喜欢将图画书阅读与创意手工结合在一起。她给小朋友们讲《鳄鱼爱上长颈鹿》，带领孩子们用硬纸板画出长颈鹿和鳄鱼的样子，再裁剪出来，最后用自己喜欢的颜色的毛线缠绕，画上眼睛、嘴巴。只要看到这个自制的玩偶，孩子们就能想起这本充满爱的绘本，并在故事中学会勇敢地爱。

《盘中餐》来自哪里？这个故事讲述了一碗米饭的传奇经历。有条件的孩子可以去校园里的菜圃或农田看看植物是怎么生长的，走进真实的生活，感受自然气息，品味农耕文化。

4. 戏剧表演

图画书一直被称为"纸上戏剧"，叙事类的图画书是非常适合表演的。角色、情景、动作、冲突、节奏和悬念构成了图画书的戏剧性，儿童参与表演，也是参与创作，在加深对文本的理解的同时，发展多面向的创意思考力和表演力。小读者在图画书的戏剧表演中认识自己、认识社会，体味不同人生。

目前已有不少研究"戏剧"和"图画书"关系的内容，如《图画书中的戏剧性研究》《创意戏剧化图画书教学》《当绘本遇上戏剧》等。

小提示：

图画书功用很多，图画书与手工制作、图画书与戏剧教育、图画书与创意教学……本书所涉及的图画书阅读教学——主要利用图画书来进行文学教育，教者在设计拓展延伸的部分时应尽量贴合目标，不宜喧宾夺主。

· 继续之前 ·

在开始下面的阅读前，请拿出那本书，还是之前你选择的那一本，设计读后的拓展内容。现在，你应该有了一份较为详尽的完整的教学设想，祝贺你！进入课堂试试吧！

· 第三节 · 难点突破 ·

上节介绍了图画书教学的一般流程，当你着手备课时会发现遇到的难题还不少，书中的每一页图似乎都有亮点，哪些画面才是最值得关注的呢？一本有文字的图画书，文字部分也是作者反复打磨、精心雕琢的结果，作为一篇连续的文本，哪几段文字才是核心，值得细细体味呢？读后讨论的话题设计虽然已经了解了几个角度，这似乎远远不够，如何提出重点的关键性的问题，并能引导学生有所思考、有所收获？……教学设计绞尽脑汁基本满意了，当你走进课堂开始教学，发现和语文课略有不同的是，在图画书的阅读课上讲故事也是很重要的能力，如果缺乏好的讲述能力，极有可能将一本有意思的图画书讲得索然无味；反之，不要说妙趣横生的情节，即便是深远的哲理也能被你讲得让人兴趣盎然。讲述能力有多重要？我们来假想两个场景：面对一年级的学生，作为他们的语文老师，你想为他们讲一本《大卫上学去》，可这本书不足百字，语速再慢，五分钟也能念完，该怎么办？坐在客厅的沙发上，孩子央求你给他讲一个故事，他拿出一本图画书，你照本宣科念了第一页、第二页、第三页，他开始有点不耐烦了，如何讲才能将他吸引？

重点画面的选择、核心文字的关注、如何设计一个好话题、如何讲述是图画书教学的四大难题，本节也将从这四个方面与各位读者分享心得。

一、重点画面的选择

事实上，就是因为这些图画里所有的元素都好像有所意指，而这在某种程度上对我们理解故事是很重要的。图画协助讲故事，正是这一点使得图画书里的图成为一种特别的视觉艺术。

——佩里·诺德曼

一本图画书少则十几页，多则几十页，如此多的画面，每一幅都重要，都有存在的价值和不可替代的作用。自主阅读时，可以细细看，慢慢翻，当然读者若愿意，哗啦啦扫视一遍也无不可。当图画书进入课堂，有了老师的带领与组织，有了同伴的互助与交流，也有时间的限制，哪些画面需细读，该如何选择呢？为了方便读者理解，以下内容将主要以《大黑狗》和《只能这样吗　不一定吧》两本图画书为例。

1. 突显主题的画面

《大黑狗》是英国图画书最高荣誉——凯特·格林纳威大奖的获奖作品。这本书讲述的是一个小孩与一条大黑狗的故事。一天清晨，霍普家门外突然来了一条大黑狗，全家人顿时陷入慌乱。这条黑狗不断变大，越来越可怕。霍普先生和太太、哥哥姐姐全都惊恐不已，到处躲藏。家里最小的孩子小点点却不着急，不躲闪。她来到门口，毫不畏惧地正视着这条有几层楼高的大黑狗。小点点带着大黑狗穿过森林、走过河道、钻过滑梯……大黑狗竟然越变越小。最后小点点带着它回到家，大家都突然发现大黑狗好像也没那么可怕。

《大黑狗》封面

故事中的大黑狗为什么会变来变去？是人内心的恐惧将它变大，也是人的冷静与勇敢使它变小。这是个如何战胜恐惧的故事，是个挑战自我与成长的故事。在作者心目中，能带领大家战胜恐惧的是最小的孩子小点点，这是他对童年力量的赞叹，也许他想告诉我们，天真的力量能战胜一切，如果将这份力量保存心间，那么未来面对苦厄会多一分坚强和勇气。

大黑狗变大与变小，家人的焦灼惊慌与小点点的平静大胆，这些形成鲜明对比的画面是能突显主题的重点画面。这些图并非出现在同一页面上，教学时可以在描绘大黑狗渐渐变化和霍普先生一家表现的地方稍作停留，读完后再通过这几幅图的对比观察加深感受。书中有一幅图，穿着鲜亮的柠檬黄外套的小点点站在家门口,身后高大的楼房与气派的大门更显出小点点的小,而面对大黑狗的小点点神情平静、无邪,比照透过门缝挤成一"条"的爸爸妈妈哥哥姐姐,小点点的无畏清晰了然,不言而喻,这也正是作品想要表达的主题。

如何发现突显主题的画面,有一个规律可循,图画书的节奏一般在"渐强"中推进,到达顶峰时,画风突转,震动人心,这样的画面往往就是突显主题的重点画面。

《只能这样吗 不一定吧》是吉竹伸介的作品。这位天真未退、童心犹在的大人连续创作了不少类似这样"自由想象"的书。"只能这样吗?不一定吧。"据说是吉竹伸介的一句口头禅,也是他的思考方式。他在接受采访时说,自己有时也会被一些既定观念束缚,觉得某件事"必须这么做""是不是不应该那样",陷入自我怀疑,这时如果有人对他说一句"没关系的",他就会立刻放下心来。所以,他希望自己能一直做那个对孩子说出"没关系"的人。也希望通过这本书能给大家带来更多启发,遇到难题的时候,想一想"真的只能这样吗",一旦转换视角也许就会发现很多新的乐趣和可能。

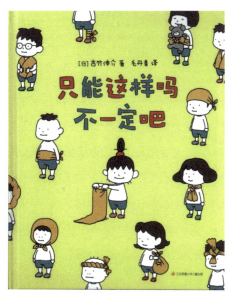

《只能这样吗 不一定吧》封面

这本书里有不少脑洞大开的创想，如未来每周六都能收到礼物，未来机器人会瞬间冲过来接住快要掉地上的草莓。鞋子太小了，只能扔掉吗？可以用来种花呀。不喜欢吃胡萝卜怎么办？可以制定一条"禁食胡萝卜"的法律呀。奶奶老了，身体一定是越来越不好吗？也许突然有一天奶奶变得活力满满去环游世界呢！妈妈问，是吃荷包蛋还是水煮蛋？只能二选一吗？还有蛋挞、蛋饼、蛋包饭、厚蛋烧……还有手表蛋、鸡窝头蛋、比赛蛋、宝塔蛋……小女孩列举了好多好多的选项。

在吃什么蛋的问题上，故事里的小女孩在一番天马行空的奇思妙想后究竟做出了什么选择呢？或许你以为那一定是惊世骇俗的，不，她最终选择了平平无奇的水煮蛋。当选项很多时，从中选择也确实是一件很困难的事情，那如此多的选项岂不是无意义或没必要？吉竹伸介表示，重要的并不是选项本身，而是做出选择的那个人要是自己。虽然"水煮蛋"这个选项是普通的，但却是小女孩动用自己大脑后的主动选择，不是无奈地被动接受。正如吉竹伸介说："你可以选择跟别人一样，也可以选择不一样，但最终的选择是自己来思考、决定的。"

这本书中一半以上的画面都描绘了想象中的世界，哪些是重点呢？其中一幅跨页大图，聚集了几十种不同的蛋，这些蛋不是自然界中真实的存在，全来自孩子（应该说是作者）天马行空的想象，看似无厘头的瞪眼蛋、溜溜蛋、镜子蛋等一起扑面而来，是头脑风暴，是游戏狂欢，将作者对多元自主选择渴望的表达推向了顶峰。这是节奏中的峰谷，是需要和小读者一起畅想的重点画面。

有一只猫，死了一百万次，也活了一百万次。它曾是国王、渔夫、马戏团、老婆婆的猫，主人们都很爱这只虎皮斑纹的猫，但猫一直不喜欢任何人。猫不想成为谁的猫，它成了一只野猫，很快乐。有一天，它遇上了一只白猫，它又不快乐了，因为它和白猫吹嘘自己的经历，而白猫却爱搭不理。最后，虎皮斑纹猫终于获得了白猫的芳心，和它幸福地生活在了一起。后来，白猫死了，这只活了一百万次的猫伤心极了，痛哭不止。哭累了，它也倒在了白猫身边，再也没活过来。这本书的名字叫"活了一百万次的猫"。没有情感地活了一百万次,不如有爱地活一辈子;无法体会生命地活了一百万次,更是不如用生命付出爱的一辈子。这本书中有多个承上启下的瞬间,其中最值得停留的是虎皮斑纹猫号啕大哭的画面,这和前面骄傲不屑、欢乐美满的它形成了鲜明的对比,是故事也是"猫"生的转折。

> · 继续之前 ·
>
> 在开始下面的阅读前,请选择一本图画书,从"突显主题"的角度出发,你认为哪些画面可列为重点呢?

2. 有深意的图画细节

画面细节丰富是图画书的重要特点,图画书中画面细节之多常常花一节课来挑着看大概都说不完。如《大黑狗》背景中大雪扫过的效果,题目旁几个烫银效果的小爪印,枯树上的鸟窝,雪地上的串串脚印,窗后的人影,哥哥房间里让人眼熟的粉色小怪兽,每一页几乎都出现的小绿章鱼玩具和霍普先生家繁复的陈设等。教学过程中应该关注的画面细节该如何选择呢?

画面中的细节绝大部分各自有深意,就比如小绿章鱼,它似乎并没有参与故事,但作为一位旁观者,它几乎贯穿全篇,要讲起这一家人的表现,最有发言权的见证者非它莫属。雪地上的脚印巧布悬念,窗后人影营造身临其境的代入感,但这些需要在课堂上一一道来吗?教学过程中我们需要提醒孩子关注的画面细节是他也许未见,或能见却不懂的,与推动情节发展、体现角色特性、揭示故事主旨等相关的细节。如《大黑狗》中有一幅跨页图,左右两页一个画面,主体就是那只巨大的黑狗,它蹲坐着,瞪着血红的双眼,就算翻过了暗流涌动的前页,突然看到这个画面,还是会让人不寒而栗。站在大黑狗面前的,是一点点小的小点点,她竟然不害怕?太不可思议了!仔细看,在大黑狗的身后有两个小白点,那是什么?

原来是两只小白兔，一个匍匐在黑狗腿边，一个趴在黑狗身上，动物界中以胆小闻名的兔子竟然也不害怕！两只小兔子的细节让读者不禁反思：是小点点、小兔子胆儿大，还是我们看错了大黑狗？我们的恐惧投射在大黑狗身上，所以它会变。它不是大黑狗，它是我们每个人的恐惧情绪。这里的小兔子细节是有深意的，也是小读者极有可能忽略的，教师引导小读者思索这样的图画细节是图画书进入课堂的价值体现。

《大黑狗》精巧的设计还体现在艺术家运用彩色和单色、大图和小图等多种形式呈现故事的多个连续瞬间。如右页是彩色大图——吓得丢掉面包片的爸爸，左边是单色小图——最上方是房子外的黑狗，屋里看到它的爸爸，中间是爸爸如临大敌电话求助警察的场面，最下面是优哉游哉骑车的小点点。讲故事时常用"话分两头说"，图画书艺术家则用"画分多头说"。相比较而言，单色小图显然没有彩色大图重要，但单色小图中也有重要细节。与爸爸妈妈哥哥姐姐大惊失色不同的是小点点的懵懂与无奈，她一路被大家抱着、夹着、驮着、扛着送到安全的地方，小点点却挣脱着要带上她的宠物朋友。这里的反差暗示了面对恐惧的两种态度，两类人。

《只能这样吗　不一定吧》中的小女孩初听哥哥说未来会发生的可怕的事，忧心忡忡地去找奶奶，坐在榻榻米上的奶奶看着"魂飞魄散"的小女孩，舒眉展目、笑容可掬。奶奶的气定神闲只是因为她年龄大了阅历丰富吗？如果随着年龄的增长心境才能随之豁然，那故事中的小女孩岂不是得惴惴不安到老？在奶奶的床榻边，作者画了一本翻开的书，一本合上的书，看来奶奶是个爱读书的人。这个细节透露了作者什么用意？不言自明——读书让人丰富，让人通透，让人平静。这些图画细节体现了角色特点，需引导小读者看进去，同时读出潜台词来。

教学《第一次上街买东西》时，可以提问：妈妈为什么让小小的美依一个人上街买东西呢？答案就在画面细节中——啼哭的小宝宝、冒着气的饭锅和水壶，一堆的家务活等着妈妈，她实在忙不过来了。

> ·继续之前·
>
> 在开始下面的阅读前，请选择一本图画书，发现那些有教学价值的图画细节，说说它们的深意。

3. 可比较的画面

图画书中的图画要讲述一个完整的故事，必然前后联系紧密，一个角色形象甚至多天来一种打扮，一成不变，在故事背景相同的前提下，环境的整体与细节相似度也会较高，所以在阅读时尤其要关注作者塑造的典型中的"同"中之"异"。那些"异"是故事的发展，是人物的变化。照这样说来，图画就该比较着读，且可比较之处不少。在教学中如何确定可以比较阅读的那几幅图呢？如书中多次反复出现某一场景或某个形象，在确定中有微妙的不确定，作者再三强调的一定是值得我们体味探求的。

《大黑狗》中出现了四次大黑狗在屋外的画面，同是霍普先生家的窗外，同样的位置，画家采用的色调也是相同的，不同的是大黑狗的身形一次比一次大。在固定的尺幅上，除了直接将狗的体型画得一次比一次大，还能如何营造大黑狗不断变大的恐怖气氛？画家的高明之处在于一边画着不变的屋子、变化的大黑狗，另一边聚焦窗里的人影——一楼的爸爸、二楼的妈妈、三楼的大姐姐、阁楼上的小哥哥，随着大黑狗越变越高，不同楼层的人也次第见识了它的真面貌。这几幅小图并不醒目，颜色灰灰黄黄，分别出现在四幅不同的画面中，且同一幅画里还有其他的故事场面。可这几幅小图的变化展现的是人物的心理变化，表达的是恐惧的力量，需要老师敏锐地捕捉并提示小读者前后对比着看，理解作者意图。

前后关联，有时还会从正文故事关联到扉页、环衬、封面。"在图画书出版领域，插画家、作者、编辑、书籍设计师都特别注意封面、封底、封套、环衬、扉页、献词页等与文字及图画的搭配，使其产生统一的效果。这些特征通常被称为图画书的'副文本'……虽然所有的书都具有这些明显的要素，如封面和扉页，但在图画书中，所有副文本的特征都是经过精心策划和设计的，以便使整本书具有一种审美上的连贯性。"［玛丽·罗奇（Mary Roche）］细心而富有经验的读者还应关注上文提到的"副文本"。《只能这样吗　不一定吧》中有处玄机就暗藏在前后环衬。猛一看，大同小异，都是绿色的背景下，简单线条勾勒的几个孩子排成一列向前跑。前环衬，这群孩子在玩"气球蛋"；后环衬，他们玩的是"比赛蛋"。注意，这两个游戏曾出现在内页"好多好多好多蛋选项"中，只有前后关联着看，你才会发现这个奥秘。

　　它的意义何在？还需细看环衬图画，两幅中都有小女主，其他孩子貌似不是同一批，前环衬里的小女孩跟着一群孩子跑，没追到气球蛋不说，还摔了一大跤。后环衬里，她不仅跑在了排头，她的鸡蛋还独树一帜地孵出了小鸡，看来她在"比赛蛋"游戏中得了第一，而且是两个第一——跑得又稳又快，小鸡最早"问世"。这个细节呼应了故事中的一句话："跑步很慢就当不了第一名吗？在做鬼脸比赛中得第一名也可以啊。"人生的选择很多，第一名也不止一个，每个人一生中都至少会获得一次冠军，都会有属于自己的高光时刻。这也许是作者想要告诉我们的，如果他没这样想，小读者有独到见解，这更了不得。《大黑狗》副文本中也有一处可比较的内容，很有意思，读者不妨找找看。前后关联着看不仅使理解更深入，还能让阅读有创意有个性。

· 继续之前 ·

在开始下面的阅读前，请选择一本图画书，寻找可比较阅读的画面，包括副文本中的，发现它的教学价值。

4. 别具一格的画面表达

　　书籍设计也可以帮助我们遴选重点画面。为了表达与突出重点，图画书艺术家往往会采用别具一格的形式，这部分内容可回顾前文"版面设计的玄机"

部分。当你在阅读图画书时有意识地去寻找重点画面，会发现那些形式特别的画面往往也是突显主题的画面。在《只能这样吗 不一定吧》中，大部分的画面是描述故事发展的，有几幅则是作者展现创意的大舞台，最与众不同的要数"五花八门的蛋"，那几页只罗列，无故事，在这本书里算得上是形式特别的画面了，而它同时表现了"选择不止一个"的主题。

《大黑狗》中没有这样不讲故事的画面，它的画面特别表现在哪里呢？一般来说一本图画书的图画有单页图，也有跨页的大图，通常是哪个少哪个就特别。图画书大部分是彩色的，也有单色的，还有彩色、单色并存于同一个作品的，同理，少的那个就是特别的。这样的普遍规律也不是屡试不爽的，最终还是要根据作者想要表达的主题和教学需要来决定。就《大黑狗》来说，跨页图少，那么那几幅就是形式较为特别的，重点画面可以从中选择。彩色图多、单色图少，单色图虽特别，但并不比彩图更重要。还有些图画书画框会忽大忽小，或呈渐变势，我们也可以从这里发现形式的特别，从而选择重点画面。《大黑狗》中几乎所有的场景、角色都被约束在画框里，但有两页中的大黑狗突破了画框，将它的脚探出了画外。是不是很奇妙，为什么会这样？从大黑狗身上飘扬的覆毛，可见它的速度非常快，它左冲右突，似乎想挣扎逃离，小点点渐渐驾驭了它。在被驯服的过程中，大黑狗变得越来越小。

也许你觉得这样的细节还真是藏得深，不太能留意到，而这本小书又不可能穷尽所有的例子，那几条规律也不是放之四海而皆准的真理，我们该怎么办呢？别担心，在阅读图画书的过程中，我们会累积经验，这些经验将塑造你的慧眼。

重点画面通常是突显主题的、细节有深意的、潜台词丰富的、前后关联可比较的、承上启下的瞬间、形式特别的那些图画，但这些方面并不是完全割裂的，它们互相交叠，互为补充。面对每一本不同的书，重点画面的选择也会各有不同，并不是五个方面面面俱到。也许你会担心自己在教学中把握不了重点画面选择的度，比如过多或者过少。关于这个问题，其实无须设限，三幅、五幅或八幅，还是要根据故事本身的特点来。无字书，有几幅是重点画面呢？几乎每一页都是。有些故事文字部分已叙述得十分详尽，配图除了再现，似乎也并无太大新意、深意，那就不纠缠于重点画面的寻找，可关注贯穿始终的某个细节，如《最想做的事》里的那盏灯，那束光。重点画面的选择，最重要的标准来自我们自己对一本图画书的理解。

> ·继续之前·
>
> 在开始下面的阅读前，请选择一本图画书，找找哪些画面的形式比较特别，思考它有何深意，判断它们是否需要出现在你的教学设计中。

二、关注核心文字

文字告诉我们视觉姿势的情感内涵或叙事意义，说明系列图画之间或图画各部分之间的因果关系以及其他语法关联，告诉我们什么重要，什么不重要。

——佩里·诺德曼

图画书是图文合奏的艺术，所以单独将图画书中的文字摘出，这个故事可能会单薄，甚至有点儿莫名其妙。《野兽国》的作者莫里斯·桑达克是著名的儿童文学图画书作家及插画家，他曾经五度获得美国图画书最高荣誉凯迪克奖。他眼中的图文关系是"一种史无前例的文图对照。没有文字的时候——图画在说话。没有图画的时候——文字在讲故事"。大部分的图画书文字简明、克制，给插画家空间，也给读者留下空间。图画书中的文字价值在于"语言虽然具有抽象性和不明确性，但在表达意义方面，特别是在表达抽象事物，比如时间、身份、关系、心理活动等方面，却有着规定性和明确性。这种规定性和明确性对于阅读是极为重要，不可或缺的。这正是图画书区别于影视等视像媒介的重要不同之处。图画书的语言具有指向理性、逻辑思维的功能，对儿童的心智发展具有极为重要的作用"（朱自强）。

举例来说，《花园》这本书"每一页都充满了花香"。从前环衬开始的石榴花，到后面的苹果花、月季花、核桃树的花、虞美人、蜀葵、睡莲、毛地黄、凤仙花、鸢尾花……如果这些花名没有同时在文中以文字出现，读者除了看到各种花，根本无法对照辨识，也不会产生兴趣。图画可以教我们认识新事物，但需文本加持才能真正学习了解。文中"2岁的女儿""3岁的女儿""女儿4岁了"等，这些文字可以表现时间的流逝，明确直接，而这单从图画中是不易觉察的。

《花园》封面

再如《西西》第一页，"好多人在踢毽子，只有西西一个人坐着"。文字将读者的视线引向故事的主人公——西西。如果没有这句话，画面上的孩子动感的姿态会直接分散读者的注意，吸引他们的目光，导致故事失去焦点。而这句话也引发了小读者的好奇，为什么大家都在玩耍，只有西西一个人坐着一动不动？小读者会猜测原因，会观察图画中西西的神情，寻找画家留下的线索。文字可以聚焦、锁定重要的信息。

在图画书阅读教学中，如何判定不容忽略的图画书文字，选择值得品味的语言材料呢？

1. 新鲜的文字表达

"关注有新鲜感的词语和句子"是小学语文教材三年级上册第一单元的要求。不落俗套的表达是新鲜的，这一点需要有经验的老师去判断，因为对于孩子来说，很多语言都是新鲜的，因为他第一次听说，如"乐得一蹦三尺高"。图画书中的新鲜表达尤其多，因为图画书最富创意，而创意就是前所未有、与众不同的。

来看看《大黑狗》中的霍普先生一家人是如何形容他们眼中的大黑狗的。爸爸说："警察先生，我家门前有一条好大的黑狗，像大老虎那么大！"妈妈说："哎！你知道吗，房子外面有一条大黑狗，有一头大象那么大！"姐姐说："你们知道吗，房子外面有一条大黑狗，有霸王龙那么大！"小哥哥说："你们知道吗，外面有一条大黑狗，有大怪兽那么大！"四个人的形容一个比一个夸张，从现在联想到远古，最后超然世外，拿"一千个读者就有一千个怪兽"的压根不存在的幻象作比。虽是打比方，但递进中有"逻辑"。课堂里，这样的句子值得揣摩，还可将它转化成提高想象力和逻辑思维能力的小练习。

《只能这样吗 不一定吧》更是异想天开，每一个"白日梦"都是新鲜的表达。就连回答"喜欢"还是"讨厌"都给各位读者提供了丰富的选项：还行、没什么想法、到底怎么样呢、好像有点儿喜好、似乎还不错、不怎么样、搞不清楚。如果既不喜欢也不讨厌，那就用——"喜厌"这个词吧。

其实单个的词汇大多是普通的，新鲜的是作者的组合，新鲜的组合来自作者独到的感受和联想。新鲜表达，不只是提供给小读者语言，更是为他们提供不同寻常的观察角度与思考方式。

· 继续之前 ·

在开始下面的阅读前，请选择一本有文字的图画书，朗读文字部分，如果发现了那些令人耳目一新的语言就多读几遍。

2. 韵文美文

图画书的文字作者雕章琢句，词清句丽，这些美好的语言是儿童学习的范本，值得诵读、积累、模仿、运用。

《大黑狗》中有几段小点点唱的歌儿，那是她和大黑狗在游戏般的追逃时现编的。小点点钻进了矮树林里，她唱道：

我去的地方你到不了，
除非你能变苗条，
这点你知道不知道？

小点点跑向结冰的池塘，滑过冰面，边跑边唱：

狗儿狗儿肥肥，
冰儿冰儿脆脆，
减不掉你的肉肉，
你就会掉进冰水！

小点点在游乐场里钻来钻去，溜下滑梯，绕着转椅兜圈子，边玩边唱：

你是大块头，
我是小点点，
要想钻过去，
你还得再瘦点！

这几段颇有节奏感的儿歌，念起来朗朗上口。"要变苗条要变小"是小点点对大黑狗的提示，也是小点点对自己的鼓励。课堂上，当孩子们一起拍着掌，和着节奏，大声唱出这几段儿歌时，小点点的勇气也传递到了小读者身上。

相较而言，《只能这样吗 不一定吧》语言更为口语化，新鲜词汇、创意表达是它更为明显的特质。

《白色的塔》的开篇诗意盎然、引人遐思，"那时候，我们樱桃沟还藏在大山的褶皱里，只有一条弯弯曲曲的盘山公路通向外面的世界。外面是什么样的，我们不知道。……我们常常站在路边，久久地看着远处，看着路尽头、山尽头那迷迷茫茫的、淡蓝的一片天空"。

《一块巧克力》中的"我"好不容易赢来了一块梦寐以求的巧克力，作者写道：

哈！太高兴了！

揣着荣荣输给我的巧克力，我一口气冲下楼，赶紧剥开——

哇，香啊……

我咬了一小口，嗯——有点儿苦，但最后还是好甜！

我重新包好，揣进口袋里，

舍不得一下子吃掉，

要留着慢慢吃呢。

以上保留了图画书中的编辑格式，没有排成一段，图画书的文字排列方式一方面受限于页面空间；另一方面，这样的语言节奏的确增强了表达的效果。按图画书编辑的节奏读一读，读者是否好像看到了"我"品尝巧克力的场面，感受到"我"如获至宝的欣喜和珍重呢？再多的形容词、评价语都不及这段真实、朴素、细腻的描述来得深入人心。

图画书的文字一般都不会太长，作者用寥寥数语就能精准刻画更显功力，遇见这样的韵文美文，多读多诵，多学多用，事半功倍。

·继续之前·

在开始下面的阅读前，请选择一本图画书，朗读文字部分，感受语言之美。

3. 妙言隽语

妙言隽语是那些让你心动的句子，那些令人回味悠长的句子。这样的句子在探讨哲学的图画书里最为常见。有一本书名为《多美啊》，讲述了一只小毛毛虫的寻美之旅。当一个小女孩夸赞了毛毛虫"你多美啊"之后，原本浑浑噩噩的毛毛虫开始思索——"美，到底是什么意思？"如果毛毛虫问你这个问题，你会如何回答呢？是不是觉得很难？

的确，我们都能感受到美，却很难给美下个定义。美是一种个人的体会，所以人人皆有不同，故事中的寻美之旅也像是寻"词"之旅，作者尝试用更贴切的词语表达动物们各自认为的美。棕熊认为好吃的蜂巢是美，小松鼠觉得好玩的游戏是美，挡雨的红蘑菇在小老鼠的眼里就是美……难道"好吃""好玩""有用"等就是美吗？毛毛虫并不同意，那究竟什么是美呢？这令他更糊涂了。这些常见的词汇因为用得恰当而引发读者更多的思考，这时候你或许会对美有了个新认识，那就是"一个精准的用词"也是美。

经典的图画书大多包含哲学意味，所以，在经典的图画书中，而不只是哲学启蒙的图画书中，我们都会读到妙言隽语。霍普先生终于能心平气和地看待大黑狗了，他说："现在这么一瞧，它好像没那么吓人了。"

霍普太太称赞小点点说："面对这么大、这么可怕的东西，你真是太勇敢了！"小点点的回应是："因为没什么好怕的哟！"正因为小点点不怕，所以大黑狗就是普通的大黑狗；如果你害怕，大黑狗就会变成大魔怪。

小妹妹问："什么是未来？"哥哥告诉她："就是明天、一年后，或者十年后……总之，就是以后的意思。"

奶奶说："未来会变成什么样，我们谁也不知道。不过，未来不会全是可怕的事情，也会有很多美好的事情和有趣的事情呢！"

哥哥的一句话让小妹妹立刻理解了什么是"未来"，具体又清晰。奶奶的一句话瞬间打消了小妹妹的忧虑。人生正因为不确定而让人憧憬，因为不确定，所以会有很多可能，坏的和好的，人也因此会有很多选择。

记得阅读《每一个善举》时，书中的一段话给我留下了很深的印象。

老师艾伯特小姐和同学们讨论什么是"善良"。

艾伯特小姐拿来一个大碗，盛满水。大家都围在她的桌边，看着她把一粒石子扔进水里。小小的波纹从中间向外荡漾开。

"这就是善良的力量。"艾伯特小姐说，"我们所做的每一件小事，都会像波纹一样，向整个世界散发着力量。"

故事中有个转学来的小女孩，在新的班级里备受冷落和嘲弄，她努力靠近，可周围的同学总是无情地避开。直到这个小女孩离开这里。故事以小女孩克洛伊"我"的口吻，回忆了这段往事。艾伯特小姐的话令克洛伊深深地懊悔，她明白自己错了，却已经没有机会弥补。

回到老师艾伯特小姐对"善良"的解说，举重若轻，生动智慧。孩子们诉说着自己一个个小小的善举，并投下小石子，看着波纹荡漾的水面，感受善良的影响力。正如艾伯特小姐所说，"每一个善举，都会让这个世界变好一点点"。

故事的结尾并没有让读者心里好过，克洛伊再也没有遇见那个遭受他们排斥的小女孩。她在一天又一天的等待后，有一天来到了小河边，将小石子扔进了河里，"我望着水面的波纹。太阳渐渐落到了枫树林后，而向玛雅表达善意的机会却变得越来越遥不可及"。波纹散去，石子沉落，它们都消失不见了，就像小女孩玛雅一样。而"我"的善意无论如何也传递不到玛雅那里了，因为"我"永远失去了机会。此后，克洛伊会改变吗？会有怎样的改变呢？这些看似平白的语言，有着诗一般的节奏和韵味，让人忍不住读了又读，带来无尽的遐思。

《我说话像河流》是根据作者乔丹·斯科特的亲身经历改编的口吃男孩的故事。书中的父亲将口吃现象与河水的流动相比较，启发孩子以这样独特的视角看口语的表达，它就像河流一样，向前的过程中时而顺畅，时而触礁，时而翻腾，时而回旋，最终打开了孩子的心结。本书的作者是个诗人，书中的文字恬淡生动，真切深刻，质朴无华却蕴含深意，很是值得玩味。

· 继续之前 ·

在开始下面的阅读前，请选择一本图画书，朗读文字部分，哪些句子让你心动，你会在课堂上和孩子们交流些什么呢？

三、做好话题设计

　　以具有游戏要素的教育活动培育出来的孩子，将成为一位即使面对极严肃的工作，也能很有活力地乐在其中的人，并且有办法将人生变为永远的游戏。

——侯塞·马亚尔特·易·库特

　　好的话题能带领小读者穿越文字，走近作者、进入自我、走向生活，提升阅读的专注力与深度阅读的能力，培养"专家级"阅读脑。大卫·皮尔森总结了熟练阅读者的七大特征：

联结	阅读过程中能调取背景知识与个人经验。
提问	阅读前、阅读中、阅读后能提出基于文本和由文本生发的问题。
图像化	阅读过程中，由其"思维之眼"创造出"多重感官图像"。
确定重点	能进行信息分类，挑选出主旨并牢记。
推测	利用文本线索，合理补充、假设和推测。
分析与综合	分析信息，并结合文本，得出结论。
监控理解	能意识到自己遇到了理解困难，并为了读懂而停下来，回头重新阅读。

　　《阅读力》的作者阿德丽安·吉尔在此基础上归纳出儿童读者的五种基本阅读力：联结力、提问力、图像化力、推测力、转化力。

　　好的话题该有的样子：回到文本具整体性，指令明确具游戏性，一问多得具高效性，开放多元具思辨性。对能力指向和问题价值的思考可以帮助我们设计出高效度的话题。以下这部分的内容深受《读书会的75个阅读作战法》的启发，参考借鉴部分"作战法"，并提供图画书教学示例供读者参考。

1. 内容回顾

（1）教学示例。

①《我喜欢书》。

猩猩宝宝什么书都喜欢：好笑的、恐怖的、童话故事、儿歌集、漫画书、填色书、胖胖的书、瘦瘦的书、有关恐龙的书、讲怪兽的书……这本书的文字很简单，趣味主要在图画。安东尼·布朗就是喜欢在图画里和读者捉迷藏。和孩子共读时，需多多关注画面细节。

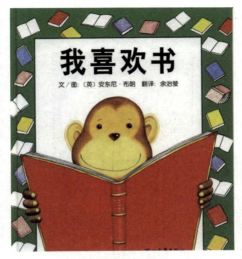

《我喜欢书》封面

读后话题1：哪个画面最好玩？

问题意义：回顾整本书，引导小读者在阅读时对自己感兴趣的部分做有意识地停留。

读后话题2：猩猩宝宝喜欢哪些书，你还记得吗？

问题意义：提取故事线，锻炼记忆力。

②《雪花人》。

威利小时候就钟爱雪花，胜过世界上任何其他东西。在别人打雪仗、烤炉火、坐车进城的时候，他都在观察、搜集、研究雪花。他立志要拍下雪花的照片，让大家都看到它的美。威利十七岁那年，为了方便他拍雪花，爸爸妈妈用十头牛的钱买了架显微照相机。在这里，雪像土一样稀松平常，周围的人觉得这不免有点儿小题大做。威利并不在意。一次次失败，一点点改进，一个冬天走了，又一个雪季来了，威利终于成功地拍出了雪花的结晶。他让孩子们欣赏雪花的幻灯，把它们设计成别致的生日礼物。有教授称赞他："你的工作真了不起！"每年都有大学收藏他的作品，艺术家们从他的雪花照片中获得灵感。威利并没有因此变成有钱人。他把每一分钱都用来拍照。他说，这是他送给世界的礼物。人们叫他"雪花人"，他是这个小镇的骄傲。

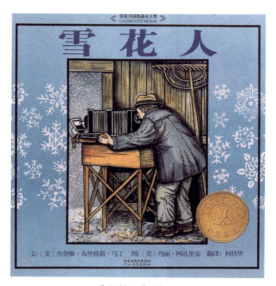

《雪花人》封面

《雪花人》是一本人物传记图画书，故事里的威利确有其人。

读后话题：这个故事最让你感动的是哪里？

问题意义：让阅读发生作用的重要途径是思考，这个问题鼓励孩子回顾故事的同时思考、找寻拨动心弦之处。

（2）提问方式。

①概括故事的主要内容。

②你最喜欢、最不喜欢的部分；哪里最有趣，哪里最贴近现实，哪里最神秘，哪里最酷，哪里最无聊，哪里最值得玩味……

③（摘录书中片段稍加修改）故事是这么写的吗？

④（讲述故事片段）问在此场景前发生了什么。

⑤（提供书中具有重要意义的情境）思考为什么会这样，结果如何。

(3）活动方法。

①在这里呀（物品与角色辨识）。

②画故事地图。

③故事小标题排序。

④做文本摘要。

⑤小小故事会（故事或片段分享）。

⑥依据故事绘图。

⑦我问你答（孩子们出题，两队对战）。

· 继续之前 ·

在开始下面的阅读前，请选择一本图画书，从"内容回顾"的目标出发设计问题，想一想这几个问题的意义有何不同。

2. 角色评价

（1）教学示例。

①《八爪鱼英雄》。

八爪鱼多多智救被鲨鱼攻击的船长老沙，老沙感激不尽，留多多在船上做客。多多的本事真大，会奏乐器，会变魔术，不过，他最喜欢的还是海边救援工作。做客的日子里他可是一点没闲着，最后还协助警察破了一起大案。为了表彰多多的英雄之举，警方将一艘新船命名为"八爪鱼多多号"。然而此刻，多多开始怀念他在大海里的安静生活……这是个孩子一定会喜欢的故事。智

《八爪鱼英雄》封面

斗坏蛋，结局欢乐，符合儿童的心理期待与需求。幽默的图画是这本书的另一大讨喜之处，看他八只足腕齐上阵玩出的新花样。

读后话题：多多为什么会被称为"英雄"呢？

问题意义：通过解读多多的行为，引导孩子理解"英雄"的概念，英雄不是看他是否拥有强壮的外表，而是看他是否有勇气、有智慧，是否能用自己的力量帮助和解救别人。

②《我那不可爱的妹妹》。

《我那不可爱的妹妹》中，浩太和麻穗是一对兄妹，哥哥读二年级，妹妹刚上一年级。在学校里，麻穗一有空就奔到哥哥教室里，"哥哥哥哥——"地大声喊。无论在校园的哪个角落看到哥哥，哪怕是看到哥哥的画出现在墙报上，她都会大呼小叫。面对校长和来参加生日会的哥哥的同学，麻穗也是口无遮拦，傻里傻气的话真是让浩太烦恼透了。在家更不得了，麻穗缠着哥哥讲故事，没完没了。总之，在浩太眼里，这是个一点也不可爱的麻烦妹妹。一天，麻穗得了腮腺炎，几天上不了学，这下，浩太自由了！上学、看书、和同学玩、做作业，做什么都没人喊没人黏，可清净了。可……这也太清净了，有点儿不适应啊！放学后，浩太拿着妹妹最喜欢的书《我那可爱的妹妹》读给昏昏沉沉的麻穗听。奇迹发生了，麻穗听了哥哥讲的故事，没过几天病就好了。她回到了学校。"哥哥哥哥——"啊！又开始了！

读后话题：你觉得浩太的这个妹妹可爱，还是不可爱呢？

问题意义：锻炼思辨力。

（2）提问方式。

①你觉得谁是这本书里重要的角色？

②你喜欢谁，不喜欢谁？理由是什么？

③你想和故事中的谁交朋友？原因是什么？

④主角的命运让你感到高兴还是难过？

⑤假如你是作者，你会怎么安排这个人物的结局？

（3）活动方法。

①人物连连看（猜猜他是谁）。

②给人物画个像。

③读者剧场（模仿秀）。

④角色的代言人（说说他的心里话）。

⑤小采访（或颁奖词等）。

> ·继续之前·
>
> 在开始下面的阅读前，请选择一本图画书，从"角色评价"的目标出发设计问题，想一想这几个问题的意义有何不同。

3. 意味提炼

（1）教学示例。

①《雪花人》。

《雪花人》是一本传记图画书。

孩子为什么要读传记？

某地一项调查显示，近八成小学生的理想是当"网红"。当然，网红这个特殊群体中不乏敢于直言的担当者，但也有不少是靠迎合无聊口味的低俗之举博眼球获大利的。当小学生将网红作为理想时，他也许看到的是网红红火的外在，希求的是那样风风光光轻轻松松地成为"有钱人"。

当小学生的理想是网红时，我们需要一个好榜样。

好榜样，是高尚的，他们有光环，同时也是可亲近的。像"雪花人"威利，一辈子只做一件事——研究雪花，成为世界级雪花专家。他的成就给他带来了名声，他却没有用它追逐利益。威利的故事代代相传，而威利并没有过人的天资，也无名牌大学背景，他是个普普通通的农夫。

威利说："一般农场的农夫们，大都在天刚亮时起床，到牛群中工作。我也在天刚亮时起床，却是因为想要发现挂着露珠的树叶，或被露水细致地装饰成珍珠项链般的蜘蛛网……我带着相机，跪在湿湿的草地上，拍下大自然精致的点点滴滴。我这样做，可以帮助许多人看到他们自己无法看到的美丽事物。他们每天还是有牛奶喝，其他农夫会保证这一点。不过，我想，我为他们做的，是同样重要的事情。"

我们都是普通人，我们都可以拥有自己的独特喜好，我们也都可能像威利一样为世界带去美好，留下自己的痕迹，甚至成为英雄。(《雪花人》的文字作者说："他在没人注意的地方看到美丽。他的理想，全心全意地坚持，视雪比金钱更珍贵，使他成为我心目中的英雄之一。")这是好榜样的动人之处。

"双减"政策本是为了减轻孩子和家长的负担，鼓励多元发展，促进教育公平，但似乎更触发了不少家长的焦虑，担心自己的孩子被淘汰、被抛弃。"双减"，减的是无用功、低效功，如果我们用这些时间去发现孩子的天赋，发展孩子的优势智能，像威利的父母那样忽略周围人的眼光，全心全意支持他，孩子未来就能找到属于自己的小天地。

读后话题：雪花是平常的东西，看雪花、拍雪花好像也不是多么不平常的举动，很多小孩子都喜欢，为什么威利这么做的结果却如此不平常呢？

问题意义：发现主人公以及他能获得成功的个性特质——执着。问题问在关键处可以带领小读者直击文本深处。

②《汤姆爷爷》。

《汤姆爷爷》的故事中，汤姆爷爷带小孩真有一套，他的房间就像一个奇妙的植物园，小孩子来了就不想离开。就算下雨天，和汤姆爷爷在一起，你也绝不会无聊。他会把浴缸变成大船，他是船长，小孩子们都成了水手；他会带着大家去地下室玩寻宝游戏。汤姆爷爷还特别会讲故事，他一讲故事，不到爸爸妈妈们千呼万唤，孩子们坚决不回家。有一天，这样可爱的爷爷还有很多的爷爷奶奶们突然被"捕老网"捉去养老院了！这是市长下的命令，他认为这样对老人更安全，反正他们也不能再对社会做什么贡献了。养老院里有美丽的花园、闪闪发光的浴室、音乐厅和图书馆，可爷爷奶奶们却个个愁容满面。那当然了，不能和家人在一起，无法享受天伦之乐，就算住进国王的宫殿又有什么意思！

怎么办？怎么办？小孩子们有办法！什么办法？看看这本书的封面，你就能猜出个大概了。

读后话题：故事里的市长送老人去养老院，他认为这样做对老人而言更好。你认同市长的做法吗？

问题意义：老人需要什么？只有真正理解他们，你才能给出更好的建议。这个问题可以启发小读者思考作者塑造这样的市长形象的真正目的。

（2）提问方式。

①你会如何劝说（赞美）故事中的角色？

②根据以下价值基础来评价这本书：正直、友情、忠实、对他人的敬意、团结、热爱工作、乐观……还有其他价值吗？

③作为故事中的主角和作为看故事的人，你对故事的主旨会有不同的看法吗？是什么？

④这个故事是真的吗？哪些是真的？哪些不是？

⑤书名和内容是否呼应？还有更好的书名吗？

（3）活动方法。

①书虫 BBS（提供与主旨提炼相关的话题）。

②设计腰封、海报、制作小书签。

③为他辩护（角色、作者）。

④给作者写信。

·继续之前·

在开始下面的阅读前，请选择一本图画书，从"意味提炼"的目标出发设计问题，想一想这几个问题的意义有何不同。

4. 形式分析

（1）教学示例。

①《金胡子和红毛衣》。

满头银发的老奶奶坐在摇椅里织毛衣。她织的红毛衣真好看，太阳公公都被吸引来了，差点儿把大脑袋伸进窗子里。太阳公公金色的长胡子挂了下来，老奶奶一不留神把他的金胡须织进了毛衣。红毛衣闪金光，老奶奶穿着它走在街上，大家都拍手称奇。这其中的秘密，只有太阳公公知晓。

《金胡子和红毛衣》是本中国味儿浓浓的图画书。读这本书的时候，可以和孩子一起找找故事里的中国风情。比如："太阳公公"，多熟悉的称呼，是不是让你想起了自己小时候。你小时候听过哪些太阳公公的故事呢？讲给孩子听一听。这可是多少代中国人童年的太阳公公啊！比如：藤摇椅，木地板，石板小巷，糖葫芦串，高高的阁楼，黑黑的瓦，装着毛线团的小簸箩……典型的中国式物件。亲亲热热的邻里，典型的中国式人际关系。

《金胡子和红毛衣》封面

故事中的老奶奶两条麻花辫常常跳起来，再配上她的夸张表情，慈祥中透着丝调皮。这是位可爱的老奶奶，织出红背心、红裙子、红围巾送人，被嫌弃土里土气，她一点也不生气。她就喜欢红颜色，暖洋洋的红颜色。你们不喜欢，我就织一件给自己吧。再看看老奶奶橙红的皮肤——她，她不会是太阳奶奶吧，否则怎么会有把阳光织进毛衣的神奇本领！

读后话题：把阳光织进毛衣，这真是个好点子！阳光＋红毛衣＝金光闪闪的暖洋洋的太阳红毛衣，你有什么创意吗？

问题意义：图画书里总有一个绝妙的点子，发现这个点子，用它来培养儿童的创造性思维。

②《我那不可爱的妹妹》。

前面讲过《我那不可爱的妹妹》，可以直接看读后话题和问题意义。

读后话题：当妹妹生病的时候，浩太享受自由生活的同时感叹"安静，真好！"他真的这么想吗？你从哪儿能看出他的真实想法？

问题意义：发现图画与文字形成的反讽的乐趣，提高视觉素养。

（2）提问方式。

①作者用这个词语，有什么用意？能不能在日常用语中找到替换的词语？有没有更合适的说法？

②这个故事让你有似曾相识的感觉吗？

③（摘出迂回的非必要性的有价值的描写）问，删除这段，故事蕴含的意义会改变吗？此描写对哪些方面具有贡献？如"明确性""优美度""情感"等。

④寻找角色之间的关系，从朋友、亲人、学校、年龄、性别、工作、住处、社会性条件、行为、思想、兴趣等层面出发。将角色分组，寻找剩余角色，发现他的意义。

（3）活动方法。

①找找作者的原创词。

②"删繁就简"与"添枝加叶"。

③小评论家。

> ·继续之前·
>
> 在开始下面的阅读前,请选择一本图画书,从"形式分析"的目标出发设计问题,想一想这几个问题的意义有何不同。

5. 作品与我

(1)教学示例。

①《下雨天》。

雨天里,怎么玩?在《下雨天》转一圈。踩水塘,在屋檐的水柱下冲凉,沙坑里和稀泥,看蛛网上的雨滴闪闪发亮。站在窨井盖旁,想象着水流汇入汪洋;趴在桥栏杆上,喂喂小鸭和大鹅,他们不怕下雨,和小孩子一样;掐几朵小野花,在暴雨中跑回家,狂风掀翻了黑雨伞,也吹飞了小野花……无论外面的风雨多大,笑眯眯的妈妈,温暖的家,总会等着他。

《下雨天》封面

这是一本无字书。什么是"无字书"？——没有文字，只用图画来讲故事的书。所以，在无字书中，图画线索和细节更值得寻味。从图画中找出故事线索能帮你弄清楚故事讲了什么，是怎么讲的；发现更多图画细节能帮你将故事内容变得更丰富、更精彩。

本书的故事线索是什么？有两条：空间线——两个孩子玩耍的路线；时间线——从下雨前到下雨中到雨后的过程。依着线索看、想、说，可以培养孩子的条理性，说话写文章不会乱。在这本书里，大大小小的图画讲述了雨天里的三十多个游戏，阅读时，和孩子一起找一找。如果你愿意，还可以模拟几个雨天玩耍的动作和场景。

共读不只是为了培养孩子的阅读兴趣、习惯，扩大知识储备，另一重要作用是增进师生关系。"亲其师，信其道"，对于亲子关系也是同样的道理。

你是会陪孩子玩的爸妈吗？这里的"会"，不是指你的意愿，而是指"玩商"——你玩乐的能力。"玩"，有高级和低级之分，是门学问。"玩商"高，创造性高，内驱力强，心胸也更开阔。怎么带孩子玩？我们可以向图画书学习，图画书里有不少好点子。

读后话题：下雨天有这么多好玩的，你最想怎么玩？

问题意义：说说故事里的，说说自己的，领读的大人也可以聊聊自己最喜欢的玩法，变问答考查为真诚有趣的对话。养育精神世界，奠定生活态度。

②《东拉西扯》。

在《东拉西扯》这本书中，讲到攀岩、打水、套马、扬帆、荡秋千、拖车、织网、编结、护树、晾衣服……图画之间没有故事线索，被一根根长长的绳子联结。一幅幅生活图景，引你进入作者和我们生活的时代。这也是一本无字书，曾入围2019年国际无字书大奖。无字书大奖是一个全球性的创新型奖项，每年都有来自世界各地的插画师参加评选。本书作者颜新元是首位进入无字书大奖决赛的中国画家。

猛一看，这本书还真是东拉西扯，叫人看不明白，幸好，贴心的编辑老师在书后附赠三篇解读，这一看，你就恍然大悟了。

国际无字书大奖评委王韶华说：绳索千变万化的姿态体现了人类智慧

的巧思。

儿童文学作家梅子涵说：东拉西扯，南推北拽，世界的地球，生命的日子，正是如此转啊转，度过今天度明天，度不完的秋冬春夏。

绘本画家九儿说：颜老师并未仅仅在讲述绳子的妙用，而是在借用绳子和力的作用，讲述充满烟火气息的生活，有艰辛，有乐趣，却又充满蓬勃的力量。

三篇解读提供了不同角度的思考：科学的；哲学的；美学的。教学时就可以从这几个方面加以引导：发现绳子作用的不同场合；理解"拉扯"的另一层含义——抚养孩子以及人与人之间的关系；具有浓郁生活气息的艺术创作是最灵动的，也最深入人心。

这本书中有两幅不太好读的图，分别是两个孩子坐在绳子编的蒲团上，大的在给小的喂食，以及人们在树林中烤火，地上散落着些断绳。请教了本书的策划、责任编辑，南京大学出版社的刘红颖老师，与读者分享刘老师的说明。

"喂孩子吃东西"图中，蒲团是绳子盘成的（绳子在生活中的应用），大孩子给小孩子喂食也暗合中国传统意义上说"拉扯"（喂养）孩子的意思。

"小树林烤火"图中，护林人每年都去给树做保暖（可能北方比较常见）、保持水分、防虫害、防动物破坏，就是用绳子绕着树干的下半部，起到上述作用。第二年，绳子基本烂掉，要换新，去年的绳子散开，护林人就用它烧火取暖。

读后话题 1：你发现生活中还有哪些地方用到了绳子？

问题意义：从书中走向生活，培养的是孩子观察世界的能力。

读后话题 2：没有绳子，会用到"拉"和"扯"这两个词吗？

问题意义：如"拉扯"连在一起还有个特别的意思，就是辛勤抚养小孩。比如说，妈妈把孩子拉扯大。这个问题指向认识词语的多重意义，积累语言，学习表达。

（2）提问方式。

①读了这个故事，你获得了什么新想法？

②读了这个故事，我觉得自己想让这个世界变得更好，通过……

③故事中的哪个角色（哪个片段）让你想到了自己？

④故事中的角色让你想起了谁？

⑤读到哪里时，你恨不得冲进故事里？

（3）活动方法。

①什么是最重要的。

②我的不平凡故事。

③寻找共同的主题。

·继续之前·

在开始下面的阅读前，请选择一本图画书，从"作品与我"的目标出发设计问题，想一想这几个问题的意义有何不同。

四、图画书的讲述

在教学过程中，图画书的故事与画面语言大部分时候都需要通过讲述来传递。学习讲述，练习好讲述，你的教学语言将会面貌一新，你将拥有独特的表现力，所以讲述的功夫不仅仅有助于图画书教学，而是所有的教学，甚而改变你与别人的交流方式。

讲述和朗读有什么不同？朗读时需绝对忠实于原著，讲述时可根据需要裁剪情节，改变表达，添加见解，以实现心中有作者、眼里有听众、口中有自我的讲述。

为什么要选择讲述而不是看起来更简单的朗读？如果听众看不到图画，讲述可以讲出画面，讲出一个完整的故事；如果你只有三分钟时间却要介绍一本完整的千字图画书，讲述可以提炼概括；如果要隆重推荐一本图画书，讲述表达得更为淋漓尽致；如果要讲一本无字图画书，你只能讲述；如果你手边没有书却要讲这本书，你无法背出全文，也只能讲述；如果你希望孩子爱上阅读某本书，先讲给他听，更为有效……

和朗读一样，讲述是可以练习的，金嘴巴也是练出来的。老师、父母……所有想要做点什么让孩子爱上读书的人都可以且都需要练习讲述。如果有意识地要求孩子练习讲述，那么他的理解力、表达力会突飞猛进，自信心也会与日俱增。

1. 讲述完整

如同我们小时候听到的那些故事，那里面的每一个人物，在过去或者将来的空间里过着自己的生活，但是他们的一举一动，都牵动着我们这些小孩子的心。虽然长大后知道他们都是虚构的人物，了解那些都是虚幻的故事，但是每每想起那些故事的时候心中都是一阵阵的激动，似乎又能从那些故事中悟到什么不同寻常的东西。

——安妮特·西蒙斯

如果你是一位成人读者，阅读图画书主要是为了自己的孩子或学生，那么学习讲述将对你的引导和教学大有裨益。

也许你觉得讲述故事比起读故事来要难得多，因为要记住复杂的情节和文学的语言是很费力的事。当你能开口滔滔不绝地讲述故事，里面有作品的情节，有作家的思想，也有你的语言和思考，它精彩动人，吸引了听众，大家驻足瞩目，全神倾听你的讲述时，你们的眼神在交流，你们的心灵在交流。在讲述的过程中，作品的语言成了你的语言，作家的思想成了你的思想，倾吐的满足和被欣赏的愉悦要比朗读故事更强烈。你的听众，不管是大是小，都会因你的讲述爱上这本书，爱上阅读。

（1）讲述完整——讲述情节。

当我们讲故事给别人听时，首先要能把这个故事讲清楚讲完整，故事怎么开始的，中间经历了哪些，最后的结果如何，让听的人明白究竟是怎么回事。讲故事不是读故事。读故事可以捧着书照着读，不会忘记故事的情节，只要顺着读下来，情节就是完整的。讲故事是要自己讲出来，不是简单地背诵，而是经过阅读已经有了自己的理解和体会之后，将经过自己消化的故事讲出来。

消化的第一步，便是消化情节。讲述故事无须将故事一字不差地背诵下来，只要记住情节的发展和自己特别喜欢的语言以及必须借助的故事中的语言就行。记住故事的情节，练习讲述，有法可循。情节记得牢，讲述能变得更顺利。

《安娜的新大衣》讲述的是一个女孩和一件大衣的故事。小女孩安娜需要一件新大衣，因为她原来的大衣磨薄了，也太小了。战争刚刚结束，战后的生活艰难竭蹶，没有大衣售卖，就算有，妈妈也没有钱买。于是，妈妈用家里的四件宝贝分别换了羊毛、纺线、织布、裁缝师傅的人工。历时一年多，安娜终于得到了她梦寐以求的红色大衣。

原文故事近两千字，在图画书中算得上文字量很大的，记住它并不容易。图画书是图文合奏的艺术，故事中的图与文都有属于自己的节奏，节奏中体现的规律可以帮助讲述者记忆情节。《安娜的新大衣》的情节规律在安娜新大衣的诞生过程中，羊毛—毛线—布匹—大衣，像一首乐曲的主旋律，循环着层层递进。记住大衣诞生的步骤，故事的情节就大体完整了。

故事的节奏感还体现在重复出现的语言里，故事中有一段话总是重复出现"'安娜需要一件新大衣，'安娜的妈妈告诉……，'但是我没有钱，如果您给我……，我就给您……'"这段话分别对能帮助安娜实现大衣梦的牧场主人、纺线的老婆婆、织布阿姨和裁缝伯伯说过。一条制作大衣的情节线加上一段反复出现的语言，构成了文本的记忆支架。

当读者自己阅读时，他们可以细细读文字，反复看图画，比较容易看懂故事。而听别人讲述时，内容一讲而过，有时听众未必反应过来讲述已经过去了。所以讲述时需改动原文，让语言更口语化，使得故事明白易懂。讲述者也可以根据自己对文本的理解和讲述需要适当添加文字，比如，在"安娜需要一件新大衣"前加上"我的女儿"，更突出妈妈的身份。

阅读时，我们会因为自己的喜好而对某个细节情有独钟，讲述时可以将这个细节放大，表达自己的理解和感受，这也是讲述与朗读的区别。读故事，虽变换语气，有动作神情的辅助，但要求忠实于原著，讲的人是作品的代言人，是作者的代言人。而讲述，眼里不仅要有"书"，即见作者之所见；还要有"我"，即表达自己对作品个性的理解和感受。这既是讲述的自由处，也是讲述者人生阅历的体现和对其阅读能力的考验。

文字较多的图画书讲述示例——《安娜的新大衣》

今天我要给大家讲一个关于大衣的故事。

有个小姑娘叫安娜，她需要一件新大衣。那件她穿了许多年的蓝色大衣已经磨薄了，而且也太小了。

妈妈没办法买到大衣，因为战争刚刚结束。

战争刚刚结束是什么样子呢？安娜她们住的屋子，墙壁破了，柱子断了，歪歪斜斜的，一副马上要倒的样子；商店里空空的，没有大衣，没有食物，也没有人有钱。一位受了伤的士兵，靠在墙角向路边的人乞讨，安娜很同情他，可是安娜也是两手空空啊。

战争让人们变得贫穷，几乎一无所有，在东奔西逃的路途中，家里的东西一件一件地坏了，丢了。不过妈妈还留着四件宝贝：爷爷的金表、一盏漂亮的台灯、一条红宝石项链，还有一把精致的茶壶。

妈妈真想给安娜一件新大衣啊，当你很想很想实现一个心愿的时候，你就能想出办法来，所以妈妈想出了办法——这些宝贝可以换来一件新大衣！

可是没有地方可以买到大衣，怎么办呢？妈妈真想给安娜一件新大衣啊，所以妈妈又想出了办法。

妈妈和安娜来到了附近的牧场。"安娜需要一件新大衣，"妈妈告诉牧场主人，"但是我没有钱，如果您给我足够做一件大衣的羊毛，我就给您这只很棒的金表！"

牧场主人愿意吗？

"好主意！"牧场主人答应了，"不过要等到明年春天剪羊毛的时候，我才有羊毛换你们的金表。"

安娜盼望着春天的到来。她常常去探望羊群，给它们吃苹果，戴上纸项链，唱歌给他们听。问羊儿："你们的羊毛长长了吗？"等待的过程真是漫长，可是又很愉快，因为春天总是会来的啊，羊毛也很快就有了！

春天来了，牧场主人剪了羊毛，给了安娜的妈妈一大袋羊毛，足够做一件大衣了。他们都很高兴！

下面该怎么办？安娜和妈妈带着羊毛去拜访一位老婆婆，她有一辆纺车。

"安娜需要一件新大衣，"妈妈告诉老婆婆，"但是我没有钱，如果您把这些羊毛纺成毛线，我就给您这盏好看的台灯！"

老婆婆同意吗？

老婆婆说："我正需要一盏台灯。不过我年纪大了，手指不灵活了，纺得不够快。等到夏天的时候，你们再来拿毛线吧。"

夏天到了，樱桃成熟了，安娜的妈妈给了老婆婆那盏台灯，老婆婆给了她们毛线，还有一篮可口的红樱桃。她们都很高兴！

安娜想要一件红色的大衣，夏季快结束的时候，妈妈带安娜去树林采成熟的越橘，安娜和妈妈用一口大锅煮水，再把越橘放进去，水变红了，安娜的妈妈把白毛线变成了红毛线。

下面该做什么呢？

她们把线带去给织布阿姨。

"安娜需要一件新大衣，"妈妈说，"但是我没有钱，如果你把这些毛线织成布，我就给你这条宝石项链！"阿姨会答应吗？

阿姨很乐意织这些毛线。

两个星期后，安娜和妈妈再来的时候，阿姨给了她们一匹美丽的红布，安娜的妈妈给了织布阿姨那条闪闪发亮的宝石项链。她们都很高兴！

第二天，安娜和妈妈去找裁缝伯伯。

"冬天快来了，安娜需要一件新大衣，"妈妈告诉裁缝伯伯，"但是我没有钱，如果您能把这匹布做成一件大衣，我就给您这把陶瓷茶壶！"

裁缝伯伯说："这真是一把精致的茶壶。安娜，我很高兴为你做件新大衣，不过，我得先帮你量量身。"

他量她的肩膀，他量她的手臂，他量她的后身从脖子到膝盖的长度，裁缝伯伯量得多仔细啊！然后他说："下星期再来，我会给你新大衣。"

新大衣，下星期就能看到新大衣了，听到了这句话，安娜是不是高兴得心都快蹦出来啦！

裁缝伯伯飞针走线忙了整整一个星期。做好以后，他骄傲地把大衣挂在橱窗里，让每个人都看得见。

多漂亮的新大衣啊！想想之前看到的那些紧紧关闭的商店，这个明亮的玻璃橱窗，这件鲜艳的羊毛大衣多引人注目。每个路过的人看到了，都会眼前一亮，心里也随之一亮吧！

看看安娜穿上新大衣的样子吧，多合身的大衣，真是太好看了，安娜站在镜子跟前都舍不得离开了。安娜向裁缝伯伯道谢，妈妈也向裁缝伯伯道谢，并且给了他那把精致的茶壶。他们都很高兴！

安娜终于有了一件新大衣，妈妈终于给女儿换来了一件新大衣。从去年冬天就开始准备了啊，一直到今年冬天，整整一年的等待啊！在这一年里，她们是不是会常常梦见一件新大衣呢？这新大衣是妈妈用家里的四件宝贝换来的，爷爷的金表、漂亮的台灯、宝石项链、精致的茶壶。这一来，家里大概再不能找出什么值钱的东西来了。可是妈妈觉得这很值得！一件鲜艳的新大衣，一年的快乐等待，一直以来的幸福心情，这是不能用钱来衡量的啊！

故事到这里结束了吗？

还没有。

安娜穿着这件新大衣过圣诞节，圣诞节在西方，就像是我们的春节，在这个隆重的喜庆的节日里，安娜邀请来了牧场主人、纺纱婆婆、织布阿姨和裁缝伯伯。因为这件大衣的诞生离不开他们的帮助，也因为他们彼此间已经成了好朋友了，他们一起陪着安娜和她的妈妈等着这件新大衣。而且，你瞧，宝石项链戴在织布阿姨的脖子上，农场主人挂着金表，这些宝贝也给大家带来了快乐。大家都说，这真是这些年来最棒的圣诞节。

故事到这里结束了吗？

还没有。

猜猜看，安娜还会去看看谁呢？

安娜去探望羊群。安娜说:"小羊,谢谢你们的羊毛。你们喜欢我漂亮的新大衣吗?"

我说:你们喜欢我讲的故事吗?

这个故事的名字叫《安娜的新大衣》。

这件大衣真的好昂贵啊,要用一块很棒的金表,一条红宝石项链,再加上一盏好看的台灯和一把精致的茶壶才能换到。这样一来,安娜的家里可能真的什么宝贝都没了。可是,为了给女儿一件新大衣,为了给女儿一个战争后新的心情,新的开始,妈妈愿意将所有的宝贝都拿出来,再多也愿意。

今天,你们听了安娜的新大衣的故事,是不是想起了你的那件黄的、绿的、蓝的大衣呢?把这个故事讲给妈妈听一听,说不定,妈妈也会讲一个故事给你听,那是关于你的一个礼物的故事。

如果你刚好有《安娜的新大衣》,可以将原文与讲述稿做个对比,哪里不同,讲述者为什么要做这样的改动呢?如果没有,就请完整欣赏这个故事,看看是否清楚明白,是否打动你。

> **·继续之前·**
>
> 在开始下面的阅读前,请阅读一本图画书,尝试列出情节提纲,写下故事中反复出现的语言。

(2)讲述完整——描述图画。

图画书的妙处或是最吸引人的地方还在它的图画,无字书更是将图画说故事的功能发挥到极致。所以讲述图画书时,一定不能只是讲述文字部分,更要练习将图画讲出来。只有看到并描绘图画中的细节才能使故事的讲述更加完整。

《安娜的新大衣》中表现战后资源贫乏、人们生活困苦的文字很简省，画面却丰富细腻。一位头缠绷带的伤兵，只剩下一只眼睛，他靠着墙角，反兜着他的帽子向过路的行人乞讨。穿着短旧大衣的安娜在士兵面前蹲下，摊开两只手，一脸无奈与同情。这些信息文字没有描写，都在图画中，讲述时就需讲出这个画面细节，让听众感受"战争结束以后，商店里依然空空的，没有大衣，没有食物，也没有人有钱"的具体场景。再比如，安娜和妈妈带上羊毛去纺线老婆婆家，老婆婆对她们说："等到樱桃成熟时，你们再来拿毛线吧。"图画里的樱桃树开了满树的小粉花，而等到安娜和妈妈再次来到老婆婆家取毛线时，画面中的樱桃树已经结满了红果子。将这个细节讲出，令故事更具真实感，让我们仿佛同主人公一起经历了等待的时光，引起听者的共鸣。

一本图画书，文字和图画合奏出一个动人的故事。有文字的图画书，文字承担了更主要的说故事的职责，有限的文字可以传递出丰富的内容和意思。为儿童讲述图画书，不能冗长，缺乏新鲜的趣味会令儿童厌烦，也不要只是简简单单地讲述。如何不只是照本宣科，而更多地表现文字故事的多样性呢？

《想吃苹果的鼠小弟》是一本非常经典的图画书，原文字数不足三百，主要以对话的方式呈现，如"来了一只小鸟，拿了一个苹果。要是我也有翅膀……来了一只猴子，拿了一个苹果。要是我也会爬树……"如果不看图画，相信谁都无法感受到这个故事的趣味。只要看了图画，谁都会被这个机灵可爱的鼠小弟逗乐。在给小听众讲述这个故事时，如果能把鼠小弟和其他动物的神情、心理一一讲述出来，就仿佛道出了小听众心里想说又说不出的话一样令他们感到痛快，把图画中的内容更充分地发掘出来。让你讲述的图画细节与小读者找到的图画细节相映，听故事的人和说故事的人就仿佛一起体验了捉迷藏般的阅读快乐。

文字较少的图画书讲述示例——《想吃苹果的鼠小弟》

你听过小老鼠的故事吗？你是不是想到了《猫和老鼠》中的那只小老鼠？他聪明可爱，精灵调皮，而且在和大猫的斗争中总是胜利。看来小并不意味着弱哦！今天我给大家讲的这只小老鼠，大家都叫他鼠小弟，因为他实在太小了。你瞧，他站在舞台中央，不仔细看，还真不大容易发现呢！鼠小弟称体重了，嗨！鼠小弟往秤座上一跳，可是，指针一动也不动。

有一天，鼠小弟来到了一棵苹果树下。这棵树又高又直，树上挂着红艳艳的苹果。鼠小弟站在树下，把头仰得高高的，他摸着嘴巴，多想拿个苹果吃啊。这时候飞来了一只小鸟，小鸟扇动着翅膀，毫不费力地衔走了一个苹果。鼠小弟抬头看着，若有所思，"唔，要是我也有翅膀……"鼠小弟拼命挥舞着细细的胳膊，"哎——飞起来，飞起来啊！"鼠小弟的眉毛胡子都拧到了一块儿去了，可是他还是离苹果很远很远。"嗖"来了一只猴子，一只爪子勾住树枝，一只爪子拿下一个苹果。鼠小弟睁大了眼睛，他想：要是我也会爬树……说干就干，鼠小弟"嗨哟"一声抱住树干，"哧溜"往上一蹭，还不错哦。怎么搞的，鼠小弟突然坚持不住往下滑，咬紧了牙关，鼓起了眼珠子，连尾巴也哆嗦着使上劲儿，还是不管用。树干上留下了鼠小弟细细的爪印儿。

一只大象优哉游哉地走过来，一甩长鼻子就拿下了个红苹果。鼠小弟马上躺倒在地，细胳膊肘撑地，两脚夹住鼻子，往前一蹬，原来鼠小弟想把鼻子拽得像象鼻子那样长，结果当然是鼻子像根皮筋似的恢复了原状。这时候，又来了一只长颈鹿，一仰脖子就咬住了一个苹果，你猜鼠小弟怎么想？你一定猜着了，鼠小弟想：要是我也有长长的脖子……袋鼠妈妈怀里揣着小宝宝来了，袋鼠可是跳高冠军哦，一个轻盈的弹跳，红红的苹果就成了她的掌中之物啦。鼠小弟好羡慕啊，"一、二——三！"鼠小弟举起小手臂往上一跳！嗯！也能算是小老鼠中的跳高冠军了，可是，想够着苹果，好像还没那么容易。

你猜猜下面谁出场？一头力大无比的犀牛！犀牛来了，不管三七二十一，"轰"一下，大树被撞弯了身子，一个红苹果骨碌滚下了地。这一次，鼠小弟被惊得目瞪口呆。"要是我也有这么大的力气……"鼠小弟一定对犀牛大哥佩服得五体投地了，他义无反顾地一头撞到了大树上。这一下撞得可不轻，鼠小弟的鼻子撞歪了，尾巴撞皱了，身子撞成了手风琴样。而大树呢，纹丝不动。鼠小弟一屁股坐在地上，郁闷又沮丧，抬头看看，树上只剩下两个苹果了。

后来来了一头海狮，鼠小弟连珠炮般追问："你会飞吗？你会爬树吗？你有长长的鼻子吗？你有长长的脖子吗？你跳得高吗？你的力气大吗？"海狮很谦和地摆摆手："这些我都不行。不过，我有一个本领……"

海狮有什么本领呢？海狮会顶球啊！哈！鼠小弟像个皮球似的被海狮用鼻子顶到了高高的树上，还是打着转顶上去的呢。这次鼠小弟可算过足了瘾，他终于也轻松地上了高高的树，抱下了一个苹果。鼠小弟坐在枝丫上，一定看得很远吧。不过，现在的他可没心思望远，他正乐呵呵地扛着苹果，冲着海狮笑呢！鼠小弟可不是过河拆桥的人，他摘下的第一个苹果是扔给海狮的。海狮摇晃着身子，细细的胡须笑得一颤一颤的。鼠小弟小小的脸颊上泛起了两朵小红晕，是紧张，是高兴，是激动，是满足，还是自豪呢？

这个可爱的鼠小弟是一对日本夫妇创作出来的，他们一个画图，一个写故事，真是一对完美的组合。

百十来字的故事也可以用一千多字来讲述，这其中有画的作用，还有想象力的功劳。写故事的人用最简短的文字和最有趣的画面告诉我们，每个人都有自己的天性和优势，不要只是羡慕和遗憾，接受并相信自己。虽然鼠小弟没有小鸟的翅膀，猴子的四肢，大象的鼻子，长颈鹿的脖子，也不能像袋鼠那样一蹦三尺高，不能像犀牛那样把大树撞弯，可是鼠小弟有自己的灵巧。海狮的本领其实也只能作用在灵巧的鼠小弟的身上。你想想，难道海狮可以用鼻子把犀牛或者大象顶上天吗？所以一开始看来，鼠小弟既不会飞又不会跳，是那样渺小无力、柔弱无助，谁知道他的遗憾竟成了优势呢！当然，这当中少不了海狮的一顶，海狮帮助鼠小弟实现了吃苹果的愿望，还帮助鼠小弟找回了自信！从这里面，我们又会想到很多很多。

用简单的故事讲出深刻的道理，这样的深入浅出是需要艺术的。听了这个故事，你想到了什么呢？

如果你有《想吃苹果的鼠小弟》，可以将原文与讲述稿做对比，看看讲述者如何描绘图画，如何设置翻页的悬念。如果没有，就请完整欣赏这个故事，看看是否吸引你。

无字书讲述示例——《雪人》

无字的图画书中只有图画，没有文字，即使是幼儿也能独立阅读，没有经过文字学习的儿童甚至比青少年或成年人更能读懂图画的意思。给儿童讲述无字图画书是一个挑战，因为你很有可能没有讲出他心中那个精彩的故事，而令他有些许的失望。那就努力不放过图画上的任何一个细节，前后联系着看，讲出一个比单纯看图画更连贯的故事。如果孩子心中有精彩的故事，那更是一个惊喜，大小讲述者可以一起来创作不同版本的故事。下面以《雪人》为例。

还记得冬天里堆雪人的乐趣吗？当你用冻得红通通的小手给雪人安上一个胡萝卜鼻子时，你是不是曾经想过：如果雪人可以和我一起玩，那该有多美！

你知道吗，真的有一个会唱歌、会跳舞、会和你一起欢笑流泪的雪人呢！冰冰的雪做成的雪人，却有着全世界最善良、最温暖的心灵。来听一个雪人的故事吧。

一个小男孩早晨醒来，发现窗外雪花飘飘。啊，真让人高兴！他一边告诉妈妈这个好消息，一边冲出屋去。他跑得好急哦，帽子飞了都顾不上捡。滚啊滚啊滚雪球，滚出一个大大的雪球，垒啊垒啊垒雪山，垒出一座比自己还高的雪山。嗨哟嗨哟，小男孩站在凳子上把圆圆的雪球抱上了雪山顶——哇，好大一个雪人！小男孩给它戴上小礼帽，系上围巾，又用橘子给它装上了一个大红鼻头，黑亮亮的煤球成了眼睛，再用指头给雪人画出一张弯弯的嘴。哈，一个活灵活现的大雪人！

雪人静静地站在窗外。

小男孩想着自己的雪人，看电视的时候，刷牙的时候，都忍不住朝窗外望望。躺在床上，小男孩翻来覆去怎么也睡不着。午夜12点，他爬了起来，站在窗前，雪人的背影安安静静。男孩披上外套打开了前门——只见雪人转过身，揭起头上的小帽子，笑眯眯地朝他行了个礼！哇！他的雪人活了！胖墩墩的雪人跨着大步走过来，小男孩拉住了它的手。雪人的手一定是冰凉冰凉的，可是小男孩心里的快乐和温暖满满的，都快要溢出来了。

雪人来到小男孩的家。

这是猫啊!

哎呀,火炉真可怕!

电视机里面有什么,怎么会亮起来呢?

灯笼似的台灯,让我来试试。按一下,咦,亮了!再按一下,黑了!

捏一捏这个瓶子,哦,洗涤剂冒出来了,像喷泉!

厨房的纸巾扯啊扯,好长,好长!

冰块的味道我最喜欢。

……

男孩轻手轻脚地把它领上楼,来到爸爸妈妈的卧室。

它盯着爸爸浸在杯子里的假牙看了半天,还戴上妈妈那顶缀着一朵紫花的宽檐帽,系上爸爸的领带,戴上爸爸的眼镜,穿上爸爸那条裤子,可惜系不上扣子,呵呵,真滑稽!

儿童房里的玩具,车库里的汽车,一一让雪人见识。

然后,男孩和雪人在楼下共进了一顿丰盛的烛光晚餐。

雪人说,跟我来吧!

它牵起男孩的手,跨出了门。雪人拉着男孩慢慢地腾空而起,他们一起飞上了风雪交加的夜空。他们掠过萨克斯郡的宁静夜色笼罩的茫茫雪原,直到海滨城市布赖顿,降落到了看得到海的栈桥上。看着看着,只见天边渐渐出现了一抹红霞,哎呀,太阳要出来了!

雪人拉着男孩匆匆飞了回去。

他们平安降落在院子里。雪人抚着男孩的肩,男孩抱住雪人,他们恋恋不舍地告别。

男孩推开门,在爸爸妈妈起床前跳到了自己的床上。从窗口望去,雪人还像先前一样站着。男孩向雪人招招手,雪人背朝窗子一动也不动。男孩怎么也睡不着,当太阳光照进屋子的时候,男孩一骨碌爬起,兴冲冲地跑到屋外——

他的雪人不见了,地上只有一小滩融化的雪堆,上面留着雪人的帽子,一条围巾和几个散落的煤球。

这个故事叫《雪人》，一本由英国漫画家、作家雷蒙·布力格创作的图画书。这本书只有图画，没有文字。

这突然的结局，放在书的最后一页，等你随着小男孩一蹦一跳跑出去，翻过来却是和他一样，面对融化的雪人，愣住。这是最后一格图，小小的。

这个故事让我有些伤感。可是，一个孩子说，等冬天来了，又有雪人啦！我说，那个雪人和这个雪人一样吗？她说，一样的！

为什么是这样的结局？有人问雷蒙·布力格："雪人是美的，又是短暂的，雪人是冷的，又是温暖的，对不对，先生？为什么要安排这样的结局，先生？"

"雪人总是会融化的啊。我们能做的就是抓紧现在。在生命中，我们邂逅一些人，喜欢一些人，然后我们离开一些人……这其中，有我们的亲人，有我们的所爱，这就是生活，这就是命运啊。"布力格安详地答道。

"是不是童年的美好记忆，能穿越时空永恒，使我们度过生命的艰难岁月，包括战争？"

"我希望是这样。"这位孩提时在二战疏散中失去所有漫画书的老人微笑答道，"我想，应该是这样的。"他又补充。

这本有着一百七十格连环图画的漫画书，用淡淡的彩色铅笔绘成。虽然不发一语，却亲切动人，不但小孩喜欢，大人也都爱不释手。《雪人》成了圣诞节的最佳代言书。

《雪人》在世界各国畅行无阻，这"只有图画没有文字"竟成了环游世界的车票。1982年这个故事被英国制作成一部二十九分钟长的动画，这部动画片在1983年入围奥斯卡最佳短片和很多项艺术成就奖；连续二十年成为英国第四频道的圣诞节必备节目；到今天为止已在全球一百多个国家和地区播放。

现在，《雪人》也来到了中国。你听，他在对你唱！

我要带你飞翔，飞过每个梦的橱窗，
每一点星光都使心愿在发光。
我要带你飞翔，看看第一道的曙光，
每颗心相接近没脚印的模样，

要带你飞翔，我借来的是双翅膀，

多一点的想像就能穿越围墙，

在平凡的脸上看见天堂。

我要带你飞翔，看看第一道的曙光，

每颗心在飞出没污染的模样，

我要带你飞翔，飞过每个梦的橱窗，

看每个愿望都为地球在发光。

——《空中漫步》（《雪人》主题曲）

对比图画书与讲述稿看看讲述者如何"看图说话"，除了故事本身，讲述者还增加了哪些内容的介绍？给你的感觉如何？如果没有，就请完整欣赏这个故事，看看在你的脑海中会出现怎样的画面。

· 继续之前 ·

在开始下面的阅读前，请阅读一本文字较少或没有文字的图画书，尝试"看图讲故事"，邀请小听众，看看他的反应。

（3）讲述完整——传递情感。

讲述是充满情感的表达，所以，仅仅完整地讲出故事情节、描绘图画细节还不够。讲述时的情感既是故事里的，也是自己的，这就是前面提到的讲述文学作品，眼里不仅要有"书"，即见作者之所见；还要有"我"，即表达自己对作品个性的理解和感受。

在《安娜的新大衣》这个故事里，妈妈急切地要为女儿买一件新大衣，无奈之下，想用家里的四件宝贝去换一件新大衣。安娜的妈妈对牧场主人、纺线的老婆婆、织布阿姨和裁缝伯伯提出自己的请求时，心里充满了期待，希望他们答应她的请求，又有隐隐的担忧，不知道他们是否愿意。但要尽快得到一件大衣又似乎只有这个法子了，安娜的妈妈下了决心要试一试。一位贫穷的母亲，在贫乏的战后要为女儿准备一件新大衣，要用她仅有的四件宝贝去换取，她会用怎样的语气说这番话呢？"安娜需要一件新大衣，但是我没有钱，如果您给我足够做一件大衣的羊毛，我就给您这只很棒的金表。"用你的理解，用你的方式来说说这句话，首先打动自己，才能打动别人。

再来看安娜和妈妈一起采越橘，熬水染毛线时的一段话，作者将过程描述得很清楚，但再无其他什么情感的渲染。读者却分明感受到言外的欢快和期盼，好像看到安娜和妈妈在树林里采越橘，她们比谁摘得快，比谁的越橘个儿大，她们一边采一边说笑，战争的阴影渐渐模糊。好像能看到她们翻找出家里最大的一个锅，看着水咕嘟咕嘟冒泡，水的颜色在变红，白毛线也变红了，安娜会不会大呼："真神奇哦！"好像能看到晾在绿树中的红毛线，那么鲜艳明亮，等着红毛线变成新大衣还要多久呢？安娜穿上是什么样？当你这样去想时，你就会兴奋地充满趣味地讲述这一段内容，因为情感，简单的文字有了缤纷的色彩。

读者将自己在书本上看到的东西，同他们已有的知识和信念结合起来，从而理解文章的意思。因此，同一个故事在不同的读者眼里并不完全相同。用自己的思想组织故事，并用听众可能理解的方式传递，每个人都有属于自己的讲述方式。

· 继续之前 ·

在开始下面的阅读前，请拿出之前列情节线的那本图画书，体味它的感情基调，领会情感起伏的小节，尝试在讲述中表现。邀请小听众，看看他的反应。

（4）讲述完整——表达思想。

优秀的文学作品是作者用心用情写出来的，不仅语言优美、感情深厚，而且往往蕴藏着一定的人生哲理，需要读者潜入文中，细细咀嚼、深刻领会。在阅读时要耐心、安静，沉入其中用心欣赏书中的风景，体验文中的情感，不能浅尝辄止、囫囵吞枣，停留在阅读的表层。阅读能力，往往是在经常性的深度阅读中慢慢提高起来的，等到品词酌句的本领增强了，理解感悟的能力提高了，进入了"登山则情满于山，观海则意溢于海"的新境界，阅读就会产生更多的幸福感。

因为阅读本身是一种读者的再创造，它带有强烈的个性特征，而"儿童的趣味来源于儿童深层的精神世界"，所以在讲述中要大胆地讲出自己看到的书中风景，自己体验到的文中情感和自己领悟的人生道理。

笔者曾经在一次公开教学中和现场的小朋友、参会者讲述《爷爷变成了幽灵》这本书。西方人故事里的"幽灵"，是不是就是中国人说的"鬼"呢？这个话题跟死亡有关，讨论幽灵与鬼魂，如何阅读，如何讲述并传达自己的理解呢？

讲出故事深意讲述示例——《爷爷变成了幽灵》

你觉得一个人死了以后，还会回到原来生活的世界吗？

如果一个死去的人，却又突然回到了他的亲人面前，回到了他原来生活的地方，他的亲人是会觉得害怕，还是觉得高兴呢？

有个小男孩，他叫艾斯本，艾斯本最喜欢的人，就是他的爷爷霍尔格了。可是，他再也没有爷爷了。爷爷死了，爷爷心脏病发作，突然就倒在了大街上。谁都没有想到。

艾斯本伤心极了，看着爷爷的照片哭个不停。他好想念爷爷啊！

妈妈告诉艾斯本，爷爷去了天堂。天堂是什么样子呢？艾斯本很努力地想，还是想不出来。妈妈说爷爷变成了天使。爷爷变成了天使，是这样吗？

这样想一想，并没有让艾斯本好受些，他还是很难过，很想爷爷。

举行葬礼的那一天，艾斯本看到爷爷睡在地上的棺材里，四周摆满了鲜花。"爷爷会去哪里呢？"艾斯本小声地问。"爷爷要到地下去了，爷爷会变成泥土，然后就消失了。"爸爸说。可是，艾斯本怎么也想象不出来爷爷变成泥土的样子。

艾斯本一直一直想着爷爷。艾斯本不相信妈妈的话，也不相信爸爸的话，他想，爷爷既不会变成天使，也不会变成泥土。

就在这天晚上，爷爷回来了。

爷爷突然就回来了。

爷爷坐在艾斯本的橱柜上，瞪大了眼睛看着黑暗。爷爷一副沉思的样子，他在想什么呢？

艾斯本看见了爷爷，他觉得好奇怪哦，问："爷爷，你在干什么？你不是死了吗？""是啊，我也以为我死了。""我知道了，爷爷，你变成幽灵了！"爷爷不相信。

幽灵是什么，艾斯本知道，因为他正在看一本关于幽灵的书。而且书上说，幽灵可以随便穿过任何一堵墙。

爷爷决定试一试！

爷爷穿墙走了过去，又穿墙走了回来。

艾斯本看了，喊了起来："哇，爷爷，你真的变成幽灵了，这真是太好玩了！"

可是爷爷却高兴不起来。爷爷说："我本不该在这里，却又在这里，这种感觉真让人心神不定呢！"

现在你知道，爷爷在想什么了吗？

明明知道不应该再回到这个世界，可是爷爷还是回来了，这是因为什么呢？

这天晚上，艾斯本根本就没有睡觉。天快亮的时候，爷爷消失了。他才闭上眼睛，就被妈妈和爸爸给叫醒了。

艾斯本告诉他们："爷爷变成幽灵了，他整个晚上都和我在一起。""我也梦见他了，"爸爸说，"我梦见他穿过墙壁，走进了我们的卧室。"

"这不是梦！爷爷确实能穿过墙壁，因为他是一个幽灵了！"

爸爸和妈妈很担心，叫艾斯本不要去幼儿园了。艾斯本不明白这是为什么，但他很乐意待在家里。

到了晚上,爷爷又来了,就像说好了的一样。"爷爷,你试着说一声'呜啊啊啊啊啊啊——'好吗?"艾斯本央求道。

"为什么?"

"电视上说,幽灵很擅长这个。"

"呜啊啊啊啊啊啊——"爷爷说了一声,他确实很擅长这个,艾斯本的后背蹿起了一股凉气。"哇,好冷啊!"他叫了起来。

"我一点都不快乐,"爷爷说,"我不能总是当一个幽灵。"那本关于幽灵的书上说,如果一个人在世的时候忘了做一件事,他就会变成幽灵。"完了,我肯定是忘记了一件什么事。"原来爷爷回来是要做一件他忘记了的事,可是忘记了什么呢,爷爷也不知道。

怎么办?艾斯本要和爷爷一起把它找出来!

艾斯本和爷爷回到了爷爷过去的家。

看着墙上的照片,爷爷想起了很多事……瞧他这副笑眯眯的模样,一定都是些美好的事呢!

当爷爷还是小男孩的时候,哥哥送给他一辆自行车!

和奶奶约会时得到的第一个吻。

瞧,爸爸尿了爷爷一身的尿!哈哈,爸爸也有这样的糗事啊!

还有从院子里采来的草莓的味道,在电视上看过的帆船的节目,可是爷爷忘记的事是什么呢,爷爷没想起来。

第二天早上,艾斯本困得都睁不开眼睛了,妈妈说:"妈妈也没有睡好,我梦到爷爷在叫,吓得连头发根都竖了起来。"

"你不是在做梦,"艾斯本解释说,"爷爷的声音是挺可怕的。"

听他这么一说,爸爸和妈妈互相对视了一眼,嗯,艾斯本怎么了,看来病得不轻。他们认为艾斯本今天最好还是待在家里,不去幼儿园。看来爸爸妈妈不相信他的话。

艾斯本一听正合心意。这样爷爷晚上来的时候,他就会更有精神了。

到了夜里,艾斯本和爷爷在镇子上转来转去,看看爷爷能不能想出来他忘记了什么。

爷爷想起来，有一回和好朋友喝醉了，两个人把头钻到了水桶里。还有爷爷总是幻想从飞机上跳伞，可是一次也没敢跳。为了听回声，对着山谷大喊大叫……这里面有没有爷爷忘记的那件事呢？

第二天早上吃早饭时，艾斯本更困了，趴在桌子上就快要睡着了。爸爸和妈妈只好又一次打消了送他去幼儿园的念头。

这天晚上，艾斯本一直在等着爷爷，可是爷爷没有来。

他从窗户爬了出去，悄悄地围着房子找了一圈，呼唤道："爷爷，爷爷，你在哪儿呢？"

他又去了爷爷家，又去了镇子上，一边走一边喊，可是没有找到爷爷。

最后，他疲惫地回到了自己的房间。

想不到爷爷正坐在橱柜上，冲着他咯咯地笑呢。

"有什么好笑的？"艾斯本问，他有点生气了。

"那件事就在我们的鼻子底下，"爷爷说，"是和你我有关的一件事。想想看，一切和你我有关的事。"

艾斯本想起了好多事哦！什么事呢？

奶奶烧猪肝时，我们在一边扮鬼脸。爷爷使劲地挠艾斯本痒痒，艾斯本说，差一点没被一根棒棒糖给憋死。

跟这样一位爷爷生活在一起，该有多少快乐啊！难怪，艾斯本最喜欢的人就是爷爷呢！

"啊，对了，"爷爷说，"是这件事。"

"什么事？"

"我想起来了，我想起来我忘记什么事了。"爷爷说，他不再笑了，"我忘记对你说再见了，我的小艾斯本！"爷爷和艾斯本都哭了。

原来爷爷匆匆忙忙地离开，忘了跟亲爱的小艾斯本说一声再见，从天堂到人间，这中间的路究竟有多远呢，有多曲折呢，谁也不知道。爷爷还是回来了，尽管当一个幽灵的日子并不好过，尽管死去的人不该再回到原来的世界，可是爷爷还是回来了，就是为了跟他亲爱的小孙孙郑重地说这两个字，"再见"。

说完了再见，爷爷还会再回来吗？艾斯本还能再见到他最喜爱的爷爷吗？

爷爷对艾斯本说，你要乖一点（但也不用太乖），他们还说好了要时不时地想着对方（不过，不用一直想着）。

为什么？爷爷要艾斯本乖一点，但也不用太乖？

太乖了，就成了木头人，不是小孩子了，主意少了，快乐少了。谁要当木头人啊！

爷爷还说要时不时地想着对方，不过，不用一直想着。爷爷离开了，他不会在你面前再次活生生地出现，当你沉湎在无边无际的想念中，就会只剩下悲哀，想念是为了让活着的人更愉快地活着。爷爷希望小孙孙记住他，所以当艾斯本说要把爷爷的照片挂到墙上去时，爷爷开心极了。可是，爷爷不希望小艾斯本伤心得不可自拔。爷爷总是为小艾斯本想，即使爷爷变成了幽灵也没有变啊！

最后，爷爷穿过墙壁走了，走进花园，走到了马路上。

有些伤感却很明亮，因为一路上都有光亮，有灯光，还有小艾斯本一直一直跟随的目光！

小艾斯本舒了口气，他心中的沉重没有了，难过也消失了，爷爷不会再成为有心事的幽灵，我会想着爷爷，爷爷也会想着我，我们不是一直想，我们愉快地想念对方。

这个故事的名字叫"爷爷变成了幽灵"，艾斯本的爷爷真的变成幽灵了吗？世界上究竟有没有幽灵呢？

我不知道，我没有见过幽灵，但是我知道，我们的确会和一些人在梦中相遇。如果你一直想着那个也同样牵挂你的人，那个人就会在你的梦里出现，一个那么挂念你、喜欢你的人和你在梦中相遇，这不是一件恐怖的事，是一个美好的故事。

一个死去的人还会回来吗？

我想，如果我们只是想念他，他就会跟我们在想念中相逢，那就是我们所说的死去的人回来了。

在我看来，艾斯本和爷爷的故事，好像不是梦，其实就是一个梦。很多很多的优秀的儿童文学作品在写梦的时候，明明是写一个梦却不告诉你这是一个梦，让你读着读着才觉得是个梦，弄假成真，让你信以为真，故事也变得更有吸引力了，《爱丽丝漫游奇境》《北风的背后》《彼得·潘》都是这样的故事呢！如果没有读过，要去读一读哦！在他们美丽的梦境里走一回。

读了这个故事，我就想啊，艾斯本的爷爷不知道历尽怎样的艰辛才回到他原来生活的世界，就是为了跟他的小孙孙说一声"再见"。是不是每一个人在走完了他的一生，然后要离开这个世界的时候，他也很想跟他的亲人、朋友、这个世界郑重地说一声："我走了，再见！"这个故事让我们看到了文学里的生活，这也是我们阅读文学故事的一大乐趣，希望大家能永远拥有这份乐趣。

讲述稿中故事内容没有什么改变，很多的细节都原样保留，因为这既是故事里动人的地方，也是表现作者思想的地方。讲述稿中有几段话是原文里没有的，那是讲述者自己阅读的心得。

比如关于爷爷说"你要乖一点（但也不用太乖）""要时不时地想着对方（不过，不用一直想着）"这两处括号里的内容的理解。为什么"要乖一点，但也不用太乖"？为什么"要想着对方，又不用一直想着"？如果粗略一读也就跳过去了，固然心里有点模模糊糊的想法也不去深究。阅读的乐趣本将在这里诞生，轻易放跑实在可惜。每一个长辈都希望自己的孩子是个听话的乖孩子，可是大人说的每一句话都对吗？大人的每一个要求都合理吗？爷爷知道，并不如此。即使大人的每个要求都是合理的（打着为孩子好的旗号），这就能让孩子拥有一段快乐的童年时光吗？爷爷知道，并不如此。爷爷希望艾斯本快乐，要他做一个不用太乖的、有自己想法和活法的孩子。

爷爷那么爱小艾斯本，当然希望自己离开这个世界后小孙子时常想念着他而不是渐渐忘却，所以当艾斯本将爷爷的照片挂到墙上后爷爷很开心。可是爷爷知道没有休止的想念太过于牵肠挂肚，会让艾斯本伤心、苦恼、闷闷不乐。爷爷要艾斯本"不用一直想着"，想念是为了让活着的人更愉快地活着。

恰恰是这两句括号中的话让我们感动，爷爷对艾斯本的爱这么深切，和故事的主要内容——爷爷不知历尽怎样的艰辛回到他原来生活的世界，回到他不该再来的世界，就是为了跟他的小孙孙说一声"再见"表达的是同样深的爱。

再如，讲述者在故事的开始就抛出了孩子可能从没在课堂上听过，让他们又怕却又很想讨论的两个话题："你觉得一个人死了以后，还会回到原来生活的世界吗？如果一个死去的人，却又突然回到了他的亲人面前，回到了他原来生活的地方，他的亲人是会觉得害怕，还是觉得高兴呢？"故事本来讲的就是亲人离去，讲的是死亡，在开头选择这样的提问是为了让听者直面故事的主题，哪怕你的心里很是恐惧和慌张，但在听完了这个故事之后，内心留下的就是温暖和感动了。

除了故事本身的魅力之外，讲述者对这两个敏感话题表达了自己的见解：

> 我不知道这个世界上究竟有没有幽灵，我没有见过幽灵，但是我知道，我们的确会和一些人在梦中相遇。如果你一直想着那个也同样牵挂你的人，那个人就会在你的梦里出现，一个那么挂念你、喜欢你的人和你在梦中相遇，这不是一件恐怖的事，是一个美好的故事。一个死去的人还会回来吗？我想，如果我们只是想念他，他就会跟我们在想念中相逢，那就是我们所说的死去的人回来了。

这样一番讲述之后，听故事的孩子也已表现得很坦然，甚至觉得艾斯本遇见变成幽灵的爷爷是令人惊喜的，是幸福的。

阅读是需要思考的，需要深入的思考。讲述的方式迫使读者不能浮光掠影地或消遣式地阅读图画书。当读出你的想法，讲出你的思考时，正是进步的时候，这是一件了不起的事。当讲述者将带着个人色彩的思考与小听众分享时，能帮助他们更丰富地理解故事，同时将多元理解、个性阅读的思想带给儿童。

作为一个讲述者要珍惜手里的每一本好书，讲好它，融入自己的真情和思想，这份力量传递到儿童的心中将是永恒的。

> ·继续之前·
>
> 在开始下面的阅读前,请阅读一本背景开阔、意涵深刻的图画书,反复阅读理解作品意思,持续思考和感悟,尝试在讲述时有条理地表达。邀请小听众,看看他的反应。

2. 讲出不同

他(梅子涵)总是讲得很投入,常常是边讲述边表演,不总是那样板着面孔、酷酷的样子,语调、表情、姿态配合成一个个精彩的讲述的瞬间和记忆。

——徐冬梅

(1)讲出不同——我与我的不同。

一本经典的图画书可以读很多遍,奇妙的是,每一遍的阅读几乎都会有新的发现。作者在书里精心的预伏和我们的经验共鸣又会碰撞出新的理解。其实每一部优秀的文学作品,都触及人类生命里很深层很恒久的东西,比如爱、友谊、诚实、智慧、勇敢,还有生存与死亡等。在不断阅读思考的过程中,它不断与我们的生命碰撞,然后增加新的体味。

《猜猜我有多爱你》,讲述了一只大兔子和一只小兔子用自己的方式表达爱的故事。故事的扉页上,小兔子骑在大兔子的脖子上,他们两个眼睛定定地盯着画外。故事,就从这里开始了。

大兔子爱小兔子,小兔子爱大兔子,不普通的语言不普通的爱。每次读这个故事都会让人感动于他们对彼此的爱,小兔子竟然会在睡觉前紧紧抓住大兔子的耳朵,主动表达自己的爱。生活中的小孩子大多可不会主动说爱的,常常是年轻的父母们"宝贝"长"宝贝"短,把对"小兔子"的爱挂在嘴边。

当有一天再次捧起这本书,我突然注意到版权页上的图画:小兔子骑在大兔子的脖子上,大兔子像马一样奔跑,小兔子紧紧抱着大兔子的脖子,抓着大兔子的耳朵,随着大兔子的跳跃一会儿冲向前,一会儿倒向后,这番惊险刺激一定不亚于小朋友坐过山车吧。大兔子竭尽全力陪伴小兔子玩耍,跳上跳下像一匹真正的马那样。愿意这样陪着小兔子玩耍的大兔子,小兔子怎么能不爱呢?如果你是位长辈,你愿意这样不遗余力地陪孩子游戏吗?如果你是个孩子,你喜欢这样的长辈吗?我明白了,为什么故事里的小兔子忍不住地要问问大兔子"猜猜我有多爱你",忍不住要告诉大兔子"究竟我有多爱你"了。那么扉页上的大小兔子定定地看着画外,他们也许并不是说,故事要开始了,而是"我们的游戏要开始啦"!于是,再讲述《猜猜我有多爱你》,我就会把扉页上的故事加进去,因为故事从这里就已经开始了。

不断地阅读和讲述同一本书,会让你在这个过程中碰撞出更多的趣味和意义,因为现在的你跟过去的你不同,这就是成长。讲述也是成长着的。

> **· 继续之前 ·**
>
> 在开始下面的阅读前,请拿出一本你喜爱的图画书,阅读它,这次你有什么新发现?

(2)讲出不同——我与他的不同。

每个人都有自己的特别之处,不管是先天遗传的素质还是后天的人生经验,因为这些不同,有了各不相同的作者创作的各种丰富的文学作品,各不相同的读者也才能读出同一部作品的不同之处。讲述同一个故事,我的理解和你的不同,我的表达和你的不同,是完全自由的。这些不同,让我们喜爱聆听,也热衷表达。

改换视角讲述示例——《躲猫猫大王》

《躲猫猫大王》讲述稿

广西柳州市阅读推广人 麦慧

同学们,小时候,你们曾经玩过什么游戏呢?躲猫猫、过家家,还是扔沙包、跳长绳?是不是一想起童年的游戏就忍不住呵呵直笑呢?是呀,童年的记忆真美好。今天,我们讲述的故事就从躲猫猫游戏说起吧。

在我的家乡,小伙伴最喜欢玩的就是躲猫猫游戏了。床底下,大树后,草垛旁,都是我们最爱躲藏的地方。可是,你们知道吗?我最好的朋友小勇每次躲猫猫时永远总是第一个被找到,因为他只会躲两个地方——灶台后面和大门后面。

我从来没有见过小勇的爸爸妈妈。每天,小勇都会等待相依为命的爷爷卖鱼回来,一直都是爷爷陪伴着他。平日里,我们一群小伙伴最喜欢的就是玩躲猫猫游戏了,我总会拉上孤零零的小勇。可是,我有些着急:小勇老是被最早发现。于是有天晚上,我悄悄对小勇说:"你明天跟着我一起躲,保证他们找不到你。"

第二天,我们出手心手背,我跟小勇约好每次都出手心,这样我俩就不会落单了。我的心里暗暗高兴。可是,开始躲猫猫了,这个小勇真不听指挥,又第一个冲向灶台后面,我指指柴堆,可他只是茫然地笑着,傻站着看着我。哎呀,来不及了!我急了,推着他的屁股,把他硬塞进了柴堆里。藏好了藏好了!可是,糟糕,来不及躲藏的我就被小新抓到了。他兴奋地抓住我的胳膊,一眼都没看那个柴堆。哈哈,我的心里可乐了!小勇小勇,你可要藏好了!

小新的运气不怎么好,他在床底下找到小三,在桌子下面找到毛头,在水缸边找到丁丁,在芦席后面找到小红……可就是找不到小勇。可是,他没发现,小勇在柴堆里偷偷拨开了一条缝,笑眯眯地看着他呢!

小新无奈,只好说:"小勇,你出来吧,算你赢了。"

小勇马上从柴堆里跳了出来，抓着我的胳膊乱摇，笑得特别大声："我——赢——了！"我的心里也乐开了花。

第二次游戏开始了，不听话的小勇又往灶台后面跑，我赶紧把他拉到大门后面指指门闩，让他爬上去。这次小勇很配合，呼啦就爬上去了。我的心这才放下来。可是，朝小勇刚挤挤眼的我一转身就被小新抓住了。接着，小新又在窗子后面、菜园里、水缸边、场院里找到了小伙伴，就是不见小勇。

无奈的小新只好说："小勇，你出来吧，算你赢了。"

门头上传来了笑声，大家一齐往上看——小勇正吐着舌头做鬼脸，他扭着腰，挥舞着双手，瘦瘦的脸高兴得通红。小勇应了我们一声往下爬，不小心一脚踩空，"嘭！"一屁股坐在地上。大家哄地笑了，笑他，屁股跌成两瓣了。小勇跟着我们一起笑，憨憨的，真的伸出手去摸摸屁股，惊奇地说："咦，真的是两瓣！"大家笑得更欢了。

那天，大家用草和树枝编了一个环，给小勇套在头上，叫他"躲猫猫大王"。小勇的嘴啊，一直笑得合不拢。我也为小勇高兴，这是我们之间的秘密，只有我们两人能懂。开心不已的小勇晚上还给我玩在柴堆旁边捉到的甲虫，给我戴上了小伙伴们编的花环，真好看！油灯下，我们玩了好久好久。

可惜，"躲猫猫大王"小勇只是风光了一天，后来就再也没有赢过。他一次又一次地钻进柴堆，爬上门头，偶尔也会模仿稻草人，钻进稻田里，可是，他都很容易地被找到了。我的心里那个急啊，可又有些无奈，被找到的小勇总是乐呵呵的，一点儿都不懊恼。

故事讲到这儿，还想继续往下听吗？是呀，快乐的日子总是过得很快，不知不觉，院子里的小伙伴们都上学了，只有小勇，爷爷也想送他去学校，可惜他分不清一块钱和十块钱，总是有些懵懂，所以，每天放学回来，不上学的小勇就坐在一旁安安静静地看着。这期间，小勇的家里还出了大事，最疼爱他的爷爷走了，有白布，有哭声，有人围观，还有呆呆坐着一言不发的小勇。

是的，谁也没有想到，爷爷的离去，让我们与小勇的分别来得那么快。几天后的一个中午，一个男人来到我家，他说是小勇的爸爸，本来准备今天带小勇走，可是小勇一大早就不见了。

我急了：这个小勇，会藏到哪儿呢？灶台后，门后，门闩上，小路上，没有，都没有！

我们继续寻找，一边找一边喊："小勇——小勇——！"伙伴们都一起跑出来，大声叫着："小勇——小勇——"大家找了很久，走了很多地方，都找得没力气了。

小新忽然想到什么，说："我们一起这么喊吧——小勇，你出来吧，算你赢了。"于是，大家一起放声喊："小勇，你出来吧，算你赢了——"一连喊了好几遍。

啊，真的，我看见小勇了！慢慢地，从油菜花地里走出来一个瘦瘦的人，拖着一样瘦瘦的影子。臂上缠着黑纱的他眼睛肿得很厉害，阳光很辣，他只能眯缝着眼。小勇的爸爸走了过来，把手轻轻搭在小勇的肩膀上，小勇什么都没有说，跟着他走了。

我不敢相信，小勇，就这样走了吗？我的好朋友好伙伴。以后，我再也见不到他了吗？

我追了几步，大声说："小勇，你真厉害，你是躲猫猫大王！""对，躲猫猫大王！""躲猫猫大王！你是躲猫猫大王！"

小勇回头冲我们笑了笑，阳光照在他的牙齿上，照在他的鼻尖上，照得他整个人都很明亮。我在想：他，此时是多么的快乐啊！

故事讲到这儿，准备结束了。可是，我的眼前又浮现出小勇最后离开时的笑容，我突然好想念好想念这位童年的小伙伴。有我家乡的记忆，有我童年的味道，有我欢乐的时刻。今天，我也好想在茫茫人海中再次找到小勇，好想抓住他的手，大声说："小勇，你是我们的躲猫猫大王！"

于是，我写下了《躲猫猫大王》的故事，送给小伙伴——小勇。

《躲猫猫大王》讲述稿
山西运城稷山县太阳第一小学　程香媛

孩子们，你们喜欢玩躲猫猫这个游戏吗？老师小时候也很喜欢玩这个游戏。在那个年月，我们简单地享受躲猫猫的乐趣，享受吹拂过油菜花的春风，我们简单地欢喜、悲伤,并且,简单地承受离别。我们总是在哈哈大笑或者号啕大哭,不知道那些复杂的烦恼。

现在有一群善良、可爱、阳光的孩子也正在玩这个游戏,孩子们玩得特别高兴,输了,接受惩罚;赢了,享受荣誉。在这群孩子中有个小男孩叫小勇,他是一个不具备通常智力的孩子,可他却获得了一个"躲猫猫大王"的称号。究竟是为什么呢?

现在让我先给大家讲一讲这个关于爱的故事吧。

小勇是个和爷爷一起生活的小男孩,他就像一粒先天不足的种子那样干瘪、瘦小,而且,还很孤独。幸运的是,村子里的其他小孩愿意和他一起玩,他们玩的游戏是躲猫猫。小勇每次都最容易被找到,幸运的是有个小女孩,她是他最好的朋友,她帮助他躲在柴堆里、躲在门头上,那一天对小勇来说真的太开心了,谁也没有找到他,小勇成了躲猫猫大王,他笑啊跳啊,并拥有了一枚草和树枝缠绕的花环王冠。

其他孩子的一点点宽容和友爱,仿佛使这粒先天不足的小种子沁润在水中,眼见它慢慢饱满、甜美起来,这样美好的情节占去了本书一半的篇幅。可是,"人生苦难重重,这是世界上最伟大的真理之一",美国著名心理医生和作家M·斯科特·派克在他的著作《少有人走的路》中这样说。

后来其他小伙伴都去学校读书了,小勇只能每天坐在家门口等朋友们放学和爷爷收摊回家。再后来他失去爷爷,因此也将失去朋友了,因为小勇知道自己将被送去陌生的地方。小勇不傻,他躲了起来,还记得吗?小勇可是躲猫猫大王啊,虽然那天之后再没得到过这个头衔。这次小勇真的躲得很深很深,所有的小伙伴找遍了村子,找得都没有力气了也没找到小勇。

"小勇,你出来吧,算你赢了——"

"小勇,你出来吧,算你赢了——"

大家一起这么喊。

小勇终于拖着瘦瘦的影子,慢慢地从油菜花地里走出来。

小勇最终还是要离开了。

"小勇,你真厉害,你是躲猫猫大王!"

"对,躲猫猫大王!"

"躲猫猫大王!"

大家追上去一起这么喊。

其实这个故事真正写的是一个女孩子,就是那个教小勇躲猫猫的小姑娘。她的小辫子往上翘着。她使小勇成为躲猫猫大王。躲猫猫的时候,她总是在帮助小勇躲,她要让小勇躲得不被抓到,她不在乎自己躲猫猫了,她的躲猫猫就是帮助和掩护小勇躲猫猫。她被抓到时,都是笑的。她笑容里的心情很简单、很丰富、很天真、很完美;是很少的一点点,是很多的溢满了。她的笑容里有一句话:小勇不会被抓到了!

这个故事还写了那一群孩子。他们愿意和小勇一起躲猫猫。他们是那么由衷、鼓励地说:"小勇,你出来吧!算你赢了!"躲猫猫大王的花环也是他们一起编的。

没有这样一群孩子,即使女孩子让小勇躲藏得再出人意料,又有谁会寻找呢?

真正的童年都需要一群——一群的善良、一群的沸腾,记忆里才会有一个太阳,有很大的温暖。

小勇是不愿意离开他的一群的。他这回是真的躲得让大家找不到了。这最后一次的"躲猫猫"没有人教他,没有技巧,很深很深的情感把他藏起来。很深很深的情感和友谊是比油菜花更烂漫的。小勇,你为什么这样哭啊?是因为爷爷离开了?是因为爷爷离开了,所以你也要离开这儿了?小勇跟着爸爸走了。小勇身后送别的声音竟然是这样的:"小勇,你是躲猫猫大王!"

这是一句多么真实和纯粹的诗。后来的小勇应该记得自己是一个躲猫猫大王的。在那个年月,我们简单地享受躲猫猫的乐趣,享受吹拂过油菜花的春风,我们简单地欢喜、悲伤,并且,简单地承受离别。我们总是在哈哈大笑或者号啕大哭,不知道那些复杂的烦恼。我看到永恒的阳光就照在那一段年月之上,将它照得犹如小勇的笑容一样无比灿烂。孩子的可贵,在于他们尚未体会到自己跟他人的不同,而小勇懵懂的快乐,也正来自于此。他和其他的孩子一样,输了,接受惩罚,赢了,享受荣誉,没有被区别对待,没有被高级的怜悯包围。

小勇确实是幸福的，因为他没有意识到自己的不幸。

《躲猫猫大王》整本书都是牛皮纸张的色调，仿佛压在箱底的老照片，淡淡的怀旧伴着淡淡的忧伤，有效地收敛了游戏时活泼单纯的表象欢乐，就像《在森林里》那样，游戏看上去热闹，但暗黄的色调和稚朴的笔触，使整个故事始终笼罩在低缓忧伤的气氛中。封面上小勇开心地和大家一起出手心手背的画面，映衬着封底那枚静静悬挂的草编"王冠"，更加让我感伤了。

孩子们，让我们一起来阅读《躲猫猫大王》这本给予心灵力量的书吧，一起来体会其中浓浓的爱吧！

通过阅读讲述稿，相信你已经清楚了解了《躲猫猫大王》的故事内容。两篇讲述稿讲述的是同一本书，但方式不尽相同。麦老师用第一人称，与作品的视角一致，程老师用第三人称，改变了原作的叙述角度。选择不同的叙述角度来讲述图画书是常用的改变较大的讲述方式。

不同人称各有优势，第一人称便于发表内心独白，充分表达自我的内心世界，强调"我"的独特感受，易于读者亲近，身临其境地参与故事。从讲述的角度来说，第一人称的讲述营造了真实的情感体验，讲述者和听众都更容易入情入境。第一人称讲述对讲述者的表现力要求更高，讲述者好像在扮演不同的角色，既用声音也用表情等塑造一个新的形象。这个形象往往与讲述者自己大相径庭，明明是成熟的可能要表现稚拙，明明冷静却要表现热烈，明明舒缓却要聒噪示人。以《躲猫猫大王》为例，故事中的"我"是一个小女孩，讲述者作为这个小女孩的代言人，自然要表现出与小女孩气质相仿的口吻，如不改变成年人的语调语气会让人产生疏离感，如拿腔捏调又刻意模仿又会很不自然，可信度降低。第一人称讲述的另一个难题是如何表达作为读者、讲述者的观点？这番跳进跳出也不便于听众理解，易产生混乱感。

第三人称，全知全能，故事中所有的角色在做什么、在想什么，情节的发展、结局如何，一切尽在掌握。第三人称讲述可以不受限制，灵活选择任何你想讲述的内容，你甚至可以一会儿讲故事，一会儿讲道理，随时在故事内外进进出出。第三人称的表述更为客观，也显得更有说服力。如果讲述者更喜欢娓娓道来的风格，而不具备很强的表演能力，第三人称讲述最适合不过。程老师的讲述稿中表达故事外的内容显然更多，对故事中不同角色的评价，对故事内涵的提炼，对作品风格的解读，对自己童年的回忆等。

除了视角的不同，图画书讲述也是一种对原作进行的多元自由的改编。如将故事中的对话改为叙述性的语言，或反之，根据个人的语言风格将作品风格个性化，或平实素朴，或简明自然，或幽默冷峻，或热烈辛辣，或清新优美，或细腻动人……总之，图画书讲述可以根据表达的重点与个人的特点展现不同的风貌。

·继续之前·

在开始下面的阅读前，请挑一本你喜欢的图画书，做一点新鲜的尝试，让这本书的讲述变得有点儿不同且符合你的风格。邀请小听众，看看他的反应。

（3）讲出不同——我与作者的不同。

阅读时我们常常会一边读一边猜想下面可能发生的故事，这似乎在参与作者的创作，与那位不见面的作者共同来讲述。当我们发现自己的猜想和作者写的内容一样时，心里会颇为得意；如果不一样，也许会感叹一声："哦，原来是这样啊！"也许会跃跃欲试："如果我来写这个故事，我会……"这便是阅读的乐趣之一。我们将自己的猜想和创作添加在讲述中与听众分享，这也是讲述的乐趣之一。

添枝加叶讲述示例——《月亮的味道》

月亮，是什么味道呢？像薯片那样香香脆脆的，还是像橘子那样酸酸甜甜呢？真想尝一尝啊！夜里，动物们望着月亮，总是这么想，想着想着口水就流了下来，那可真是"飞流直下三千尺，疑是银河落九天"啊。可是呢，不管大家怎么伸长了脖子，伸长了胳膊，伸长了鼻子，也够不着月亮。

有一个晚上，一只小海龟决心去摸一摸月亮。它爬呀爬，终于爬到最高的山的山顶，它望着月亮，觉得月亮近多了。小海龟往上跳，可是，不管小海龟怎么跳，也够不着月亮。

小海龟又叫来了大象："大象哥哥，你踩到我的背上来，说不定我们能够得着月亮呢！"大象点点头。月亮看见小海龟叫大象站在它的背上，月亮想："它们在干什么？应该在和我玩游戏吧！"大象把鼻子往上伸，月亮也往上跳了一下。

大象也够不着，它叫来了长颈鹿："长颈鹿妹妹，你瞧，上面的月亮，你也想尝尝吧！我和小海龟够不着，我想，你上来了，应该可以抓下月亮。""我倒也想尝尝月亮的味道，好，那我也帮帮你们。"于是，长颈鹿站在了大象的背上，把脖子使劲往上伸，月亮在空中往上跳，又转了一圈，像在跳舞。不管长颈鹿怎么伸长脖子，可就是抓不到月亮。

长颈鹿碰不到，它叫来了斑马："斑马，你快来帮帮我们，我们怎么也够不着月亮，你上来了，说不定就能碰到月亮了。"斑马微笑地说："好！"斑马也站到了长颈鹿的头上，它叫长颈鹿把脖子往上伸，因为这样斑马站在长颈鹿的头上，只要长颈鹿一伸，这样离月亮更近了。月亮也真是的，每当这些小动物快抓到它的时候，它就不停地往上一跳，这样，就算斑马站了上去，可还是够不到。

斑马只好叫来了狮子："狮子，你个儿大，而且你很厉害，说不定月亮见到了，就乖乖投降了。""对，对，对，斑马哥哥说得对，狮子哥哥来吗？"长颈鹿说。狮子听了大家的话，很是乐意帮大家，可是，和刚才的结果是一样的，还是一无所获。因为这个月亮，居然不怕狮子，它还是往上跳。

狮子又叫来了狐狸："狐狸，来吧！帮帮忙。"狐狸怕狮子，只好来，再说上次他没有吃到葡萄，正在懊恼呢。听说可以吃到月亮，他也很高兴。狐狸把手往上伸，可还是抓不到。月亮想："我才不想被你抓到呢，我气死你。"它又轻轻往上一跳，狐狸也没抓到。

狐狸又叫来了猴子："猴弟，我告诉你，你只要帮我们抓到那月亮，我保你以后会有吃不完的香蕉。""狐狸，你是说真的吗？"猴子问。"我骗你我就不是狐狸，怎么样？"狐狸答。"好，就冲你这句话，我就帮你一回。"猴子说道。猴子也把胳膊往上伸，月亮想："猴子，我就让你尝尝我的厉害。"这月亮又往上一跳，猴子也没抓到。

这时，猴子又叫来了小老鼠。月亮想："这只小老鼠算什么，我对付它真是小菜一碟，反正，就算我不跳了，它还是够不着，还不如我现在好好地休息一下。"小老鼠从海龟上面一跳，终于跳到了猴子的头顶。这时，小老鼠用力往上一跳，"咔嚓！"一声，想不到老鼠把月亮咬了一口，月亮被咬成了一个月牙。这时，月亮发现自己变了个样子，它哭着说："为什么，我们不是玩游戏吗，为什么要把我咬成这样？"老鼠可不管这些，他把这块被它咬下来的月亮，分成了9份，一个个传了下去。大家开开心心地吃了起来，都觉得月亮的味道真是好极了。

一条小鱼看着这一切，怎么也闹不明白："为什么它们要那么费力，到高高的天上去摘月亮呢？这不是还有一个嘛，喏，就在水里，在我旁边呀！"

这是一名五年级的同学撰写的讲述稿，他的讲述中有不少在原文基础上自由创作的内容。比如，作者说："月亮，是什么味道的呢？是甜的，还是咸的呢？"小讲述者想象的月亮是"像薯片那样香香脆脆的，还是像橘子那样酸酸甜甜呢？"的确，图画书艺术家用特殊的凹凸不平的材质绘成的月亮真像薄薄脆脆的薯片，圆乎乎的月亮还让小讲述者联想到了橙子，根据自己的阅读和生活，他讲出了自己心中的月亮的味道。

再看这一段，作者说："斑马努力伸长了脖子，可还是够不着。于是他叫来了狮子。'狮子，你跳到我的背上，说不定我们就可以够到了！'月亮一看到狮子，又轻轻地往上一跳。"小讲述者的创作是："斑马只好叫来了狮子：'狮子，你个儿大，而且你很厉害，说不定月亮见到了，就乖乖投降了。''对，对，对，斑马哥哥说得对，狮子哥哥来吗？'长颈鹿说。狮子听了大家的话，很是乐意帮大家，可是，和刚才的结果是一样的，还是一无所获。因为这个月亮，居然不怕狮子,它还是往上跳。"作者安排狮子出场够月亮源于什么,他没有明说,小讲述者理解为狮子个儿大、厉害,月亮见了狮子就会吓得不敢动弹了,包括这里长颈鹿的帮腔都让人不由地仿佛看到了一群孩子的交往实况。

狐狸出场够月亮的心理更是特别,原来它没吃成葡萄,要来尝尝月亮的味道。将这只狐狸联想成《伊索寓言》里的那只著名狐狸,小讲述者的创意实在独特、有趣。狐狸终归是狐狸,听听他说的话:"猴弟,我告诉你,你只要帮我们抓到那月亮,我保你以后会有吃不完的香蕉。"最有法子的果然是它,这番承诺的确令猴心动啊。

有谁料到小动物们无可奈何之下选择的小老鼠,却起到了决定性的作用。当它"咔嚓!"咬下一片月亮后,图画中的月亮苦了脸,小讲述者的创作是:"它哭着说:'为什么,我们不是玩游戏吗,为什么要把我咬成这样?'"此刻的月亮无辜得像个小孩子。在游戏里儿童最看重和必须遵守的就是游戏规则,所以小讲述者添加了小老鼠将咬下的月亮分成了九块传给了下面的朋友。可是数一数,一起够月亮的连同小老鼠在内一共只有八个小动物,不知道这里小讲述者多算上了谁呢?或许是他自己吧。

在讲述时对故事进行再度创作,可能比照本宣科更令小朋友喜欢,因为这更天马行空,更具挑战性,也更激发人讲述的欲望。不过在这里给你一点小提示:过度发挥不可取。过度发挥,就是过于放大故事里的某个并不重要的细节,而放大的部分不仅没有起到正面作用,甚至误传了内容,曲解了主题,最终导致画蛇添足。

· 继续之前 ·

在开始下面的阅读前,请挑一本你喜欢的图画书,分别从自己的角度和儿童的角度做一点儿再创作,让这次讲述更能吸引不同的听众群。邀请小听众或大听众,看看他们的反应。

几个讲述小窍门

真诚热情——优秀的讲述者都是发自内心来讲述的，如果没有真实的情感，你的听众非常有可能看穿，到时候你的故事就会支离破碎、毫无价值。

注意你的听众——过于冗长的故事通常会令人生厌。要把故事讲好，但是别不停地讲下去。

练习——在讲故事以前你先试着练习。即使面对镜子中的自己或者是用摄像机自己拍摄，你也先试着讲给自己听，这有助于你面对真正听众时的表现。

身体语言——手和手势，他们能够在听众的头脑里创造出形象，从而主导你的故事；面部表情所传达的感情，要比其他任何形式所传达的都要深刻。

节奏——适当的时间节奏和适时停顿会让故事更加丰富，意味更加饱满。

悬念——在讲述中适当留下悬念，可以更加吸引听众。别忘记讲讲作者，一点创作过程的故事令听众更有亲近感。

转换角度——转换角度来讲述，比如把故事里的"他"变成"我"，或者把故事里的"我"变成"他"，不同的情感体验会让你讲出不同面貌的故事。

（以上小窍门整理自《说故事的力量》，安妮特·西蒙斯）

第四章
图画书教学案例

我们必须谨慎选择文本，并细致耐心地提出问题。我们决不能摧毁他们的纯真，也决不能使他们对世界或未来感到焦虑。

——玛丽·罗奇

·第一节· 常规阅读课·

| 低年段：《今天我是一粒黄豆》教学设计 | 年级：一年级
设计者：成都市人民北路小学　沈兰 |

·文本解读·

《今天我是一粒黄豆》是一本充满"中国味道"的绘本，小女孩儿安安和妈妈玩起了一个有魔法的睡前游戏。游戏由孩子想象中的一粒黄豆展开，黄豆生根发芽、开花结果,以及与黄豆相关的各种美食——都呈现在了静谧、安静的夜晚之中。在这个充满幻想和爱的魔法中,孩子最后安然入睡。这是一个充满爱意的故事,清浅的文字里有着孩子动人的想象。本书贴近孩子们的生活,也很有趣,能让学生在共鸣中捧腹大笑,也能让学生乐此不疲地翻看。书中有趣的图画内容能激发学生的阅读兴趣,学生能借助图画读懂故事,并结合生活情境进行表达,深入体会母爱的真挚与细腻。

·设计意图·

一年级下册第四单元的主题是"家人",学生通过学习《静夜思》《夜色》《端午粽》和《彩虹》,感受到有家人陪伴的幸福和美好。绘本《今天我是一粒黄豆》作为课内阅读的拓展和延伸,学生对于"家人"的感受和理解会更加深刻。同时,在本课的教学中融合了本册教材的语文要素,让孩子借助图画读懂故事,记住主要情节,能对信息做简单推理,并结合生活情境进行表达,享受一起阅读的快乐。

·教学目标·

(1)学习阅读绘本的基本方法,读懂故事。
(2)能从文中提取简单信息,了解黄豆的生长变化过程以及与黄豆相关的美食。
(3)体会母爱的真挚与细腻,结合生活情境进行表达。

·教学重难点·

(1)读懂故事,了解黄豆的生长变化过程及与黄豆相关的美食。
(2)通过观察图画细节,感受母爱的真挚与细腻。

·教学准备·

图画书、PPT 课件、贴画。

·教学板块·

一、读封面，感知图画书的特点

从题目、图画、作者、绘者、出版社等方面教会学生读封面的方法。

二、读环衬

让学生了解绘本的环衬不仅仅起装饰的作用，往往还和这个故事的内容息息相关。

三、读扉页

让学生了解这本书的主角，并且通过细节观察，引导学生结合生活实际进行简单预测。

四、教师讲述故事

结合书中的图画和文字讲述故事，在讲述过程中，适时与学生进行互动。

（1）让学生演一演小豆子："不不不，我不要睡在豆荚里，我要蹦出来，滚啊滚啊滚——"（孩子们通过将自己也想象成一粒黄豆，进行朗读，读出了自己此时此刻不同的心情，我则是通过图画上黄豆的不同表情进行适时的评价。）

（2）让学生猜一猜：为什么会有臭臭的味道？（孩子们通过对图画的细节

观察，发现豆腐变成臭豆腐的原因是安安放了一个臭屁，使学生在共鸣中捧腹大笑，感受到阅读的生活气息。）

（3）让学生猜一猜吵闹的豆子们在做什么：滑滑梯、打架、打雪仗……（孩子们通过观察图画的多处细节，并且联系他们自身生活实际，明白这是安安回忆起了白天在学校的时光，使学生在共鸣中体会快乐。）

五、发放绘本，让学生听着欢快的背景音乐进行自主阅读

在阅读的过程中，引导学生学习以下三个阅读方法：
（1）从封面开始，一页一页地看；
（2）一边看图画，一边读文字；
（3）感兴趣的地方反复读。

六、分享交流：故事中你最感兴趣的地方是哪里

（1）聚焦"变"，让学生找出黄豆的生长变化过程（这是故事中的第一个"变"）及黄豆变出的各种美食（这是故事中的第二个"变"），训练学生提取信息的能力。

（2）让学生读一读、演一演"妈妈的咒语"，感受阅读的快乐（妈妈的咒语让安安变安静睡着了，这也是故事中的第三个"变"）。

（3）通过三个"变"，引导学生思考故事中什么是一直"不变"的。

（4）最后，通过观察妈妈表情的这一细节，体会妈妈对安安情感上的"不变"，不变的是妈妈对孩子的陪伴、耐心和爱。

七、联系生活，乐于表达

妈妈是怎么哄你睡觉的？让学生分享自己的睡前故事。通过引导学生的回忆及分享，再次深入体会母爱的真挚与细腻。

八、游戏结课

书的最后也给小朋友们准备了一个很有趣的游戏——黄豆美食之旅飞行棋。通过游戏,让学生感受快乐,加深学生对黄豆变出各种美食的认知。

板书设计:

今天我是一粒黄豆

(图:黄豆) 变

(图:爱心) 不变

| 低年段:《小黑鱼》教学设计 | 年级:二年级
设计者:柳州市文惠
小学教育集团 杨薇 |

·为什么选《小黑鱼》·

《小黑鱼》是作者李欧·李奥尼创作的一部图画书。讲述的是一条小黑鱼,在大海里经历了"失去伙伴—孤独神伤—又发现美好—重新交友—想出办法—战胜大鱼"的故事。在这本图画书中,我们可以看到小黑鱼的成长。小黑鱼经历的每一个阶段,对于其成长都很重要。每一位读者都能从这本书中读到自己。这本图画书曾获得凯迪克金奖。之所以把它选入低年段给孩子们阅读,是想让孩子们从小黑鱼的故事中感受阅读的乐趣,并汲取成长的力量。

· 教学目标 ·

（1）通过导读《小黑鱼》，感受图画书阅读的乐趣。

（2）在阅读的同时，进行说话与思维的训练，并教给学生阅读图画书的方法。

（3）通过导读，让学生领悟成长的艰辛与幸福。

· 教学重点 ·

（1）阅读《小黑鱼》，感受成长的艰辛与幸福。

（2）引导学生感受成长的艰辛与幸福。

· 教学准备 ·

PPT、三段音乐、阅读单、遥控鼠标、板书用具。

· 教学过程 ·

一、直入揭题，引出《小黑鱼》

孩子们，今天的阅读课，我们一起来阅读这本图画书——《小黑鱼》。（出示封面）看看封面，你获得了哪些信息？

学生回答预设：画面、技法、画作者与译者信息。

①你觉得这条小黑鱼是怎样的？（预设：小、孤单等）

②猜猜有可能讲一个怎样的故事？

③简介画作者：李欧·李奥尼，被誉为"色彩魔术师"，堪称当今儿童图画书界中最负盛名的寓言创作者。他是世界上四次荣获美国凯迪克奖的作家哦。

二、讲述故事，体会成长

（1）（出示：正文第一幅跨页）在大海的一个角落里，住着一群快乐的小鱼。他们都是红色的，只有一条是黑色的，黑得就像淡菜壳。他比他的兄弟姐妹们游得都要快，他叫小黑鱼。

①孩子们，如果让你从课前杨老师给大家带来的三段音乐里选一段，给这个故事的开头配上，你选择哪一段？（第一段：快乐的《流转起舞》）说说为什么。

②点击音乐，请学生和着音乐再说说故事的开头。此时的小黑鱼很快乐。

③了解"淡菜壳"，就是又名青口螺的贝类外壳，呈青黑褐色。（展示图片）

（2）（出示：第二幅跨页）可是，在一个可怕的日子里，从海浪里突然冲出一条又快、又凶、又饿的金枪鱼。他一口就把所有的小红鱼都吞到肚子里，只有小黑鱼逃走了。

好可怕呀！你觉得小黑鱼能逃走是因为什么？（游得快，前页已经做了说明，阅读注意前后文的联系。也可能是因为幸运。）

（3）（出示：第三幅跨页）小黑鱼逃到了大海深处，他此时心情如何呢？（点击出示：害怕、孤独、伤心极了）

①音乐渲染：他想找他的伙伴，可是伙伴已经葬身大鱼之腹；他想找个躲藏的角落，可是大海太大了，哪儿才安全呢？他好无助哦……他的眼泪溢出来，与海水化为了一体……

②孩子们，如果此时你是小黑鱼，你会怎么想呢？（预设：一种是悲伤、手足无措；一种是想办法，改变这样的困境。）

③小黑鱼还能快乐起来吗？让我们接着往下读——

（4）（出示：第四幅跨页）大海里到处都是各种各样奇妙的生命。小黑鱼游啊游，碰见一个又一个奇迹。于是，他又高兴起来了。他看到，水母像彩虹果冻……

（出示：第五幅跨页）大龙虾走起路来像水下行走的机器……

（出示：第六幅跨页）怪鱼像被一根看不见的线牵着……

（出示：第七幅跨页）森林似的海草长在糖果般的礁石上……

（出示：第八幅跨页）海鳗的尾巴有多长连他自己都搞不清……

（出示：第九幅跨页）海葵像粉红色的棕榈树，在风中起舞。

①小黑鱼还有可能看到什么？（出示海底其他生物图片，练习说话。）

②怎么这一切在小黑鱼眼里这么奇妙呢？（因为他没有见过，因为他很小，这一切让他长了见识。）这一切新奇的体验，让小黑鱼又高兴了起来。

（5）（出示：第十幅跨页）后来，他看到了一群和自己一样的小鱼，躲在礁石和海草的影子里。

"来游吧，一起玩儿，到处看看！"他快乐地说。

"不行，"小红鱼说，"大鱼会把我们统统吃掉的！"

"可是，你们不能老躲在那儿吧？"小黑鱼说，"我们一定要想想办法。"

你觉得小黑鱼想出办法了吗？会是一个怎样的办法？

（6）（出示：第十一幅跨页）小黑鱼想啊，想啊，想啊。

突然，他说："有了！"

"我们可以游在一起，变成海里最大的鱼！"

（7）（出示：第十二幅跨页）他教他们各就各位，紧紧地游在一起。（出示：小红鱼组合成大鱼，小黑鱼当眼睛的动画。）

（8）（出示：第十三幅跨页）等到他们可以游得像一条大鱼了，小黑鱼说："我来当眼睛。"

在小黑鱼的带领下，小鱼群们组合成了一条怎样的大鱼？（硕大无比、威风凛凛、神采奕奕）

（9）（出示：第十四幅跨页）他们在清凉的早上游，在阳光灿烂的中午游，把大鱼都吓跑了。（播放音乐）

（10）这是故事的最后一页，你觉得此时的小黑鱼又是怎样的呢？

①再次出示句式：这是一条_____的小黑鱼。（勇敢、坚定、智慧），说明理由。

②这到底是一个写什么的故事？（引导学生从板书的变化，明白这是一个关于"成长"的故事，从弱小走向强大。）

三、细读品味，深化主题

（1）孩子们，图画书是值得反复阅读的。留心画面中的细节，常常会有新奇的发现，请看——这四张小黑鱼的画面，你发现有什么不一样？（出示：失去伙伴时的惊恐眼神、看见海葵的惊喜眼神、决定要战胜大鱼的坚定眼神图。眼神是角色的灵魂，你也许得在几次阅读后才能发现。阅读图画书，不要错过这些精彩的细节。）

（2）孩子们，你觉得在小黑鱼的成长之旅中，哪段经历是最重要的？为什么？（同时出示：看见大鱼口中逃命图、失去朋友孤独图、看见奇妙生物图、想出办法吓跑大鱼图等四幅。）小组讨论。

逃命图：危险也是一种经历，成长需要积累经验。

孤独图：每个人都会有孤独的时光，不要一直沮丧下去。

见识图：成长就是一种发现，对世界的认识、对自己的认识。

吓退图：运用智慧，变弱为强。遇到危险不要退缩，团结一心，勇敢前进。

（3）小黑鱼，让你想到了曾经阅读过的哪些文章中的人物或角色？（丑小鸭，《一年级小个子二年级大个子》中的达也等。）

（4）谁还可以是小黑鱼？（我们每一个等待成长或者正在成长的孩子、大人，画作者李欧·李奥尼觉得他自己就是小黑鱼，他在接受采访时说过，当时机来临时，艺术家都应该有所领悟，有责任担当"眼睛"的领导角色，而非从众的"身体"。）

（设计意图：建立阅读与阅读的链接，再延伸阅读对于儿童成长的影响与意义——阅读是为了让孩子成长得更健康、更完善、更幸福。）

四、小结特色，拓展延伸

1. 版面设计

这本图画书还有很多特色。（1）跟很多图画书不一样的地方在于——封底不是单独的一幅图,而是应该与封面连起来阅读,(出示图)合起来一看,你就能快速地发现故事的主角,也能领悟到重要的信息,小黑鱼游得比较快。所以,封底也是细心的读者不会错过的内容。

(2)这本书的故事全部是跨页(每一个场景都是横跨两个版面),这样有什么好处?(画面更宽阔,更能体现大海的宽阔和小黑鱼的小。)

2. 作家特点

读了《小黑鱼》,你觉得李欧·李奥尼的图画书有什么特点?(文浅意深)答不上来就引导:容易读懂吗?值得细细品味吗?看似简单,实则深邃。我们可以轻轻地看,深深地想。李欧·李奥尼喜欢用动物寓言故事来表达自己的想法,故事中的动物象征了人类,面对着现代人的处境与问题。

3. 推荐阅读

李欧·李奥尼的其他作品,如《小黄和小蓝》《田鼠阿佛》《阿力和发条老鼠》,孩子们可以找来看一看。这节课孩子们有收获吗?如果有,我们也就成长了一小步,让我们欣赏着这段幸福的曲子,下课吧。

中年段:《爷爷一定有办法》教学实录

年级:三年级
执教:刘颖
点评:余耀

(课前交流,略。)

师:看,我们今天的故事叫《爷爷一定有办法》。封面上一位慈祥的白胡子老爷爷手里搀着一个可爱的小男孩,这个小男孩就是他的小孙孙,叫小约瑟。他们手拉着手,在乡间的小路上走着。猜猜看,这个故事会讲些什么呢?

生:我猜这个故事会讲这个小朋友遇到了一个难题,他去问爸爸,爸爸不知道,他就去问爷爷,后来爷爷告诉他答案了。

生:这个小朋友遇到了问题,他看了很多书,就是不知道问题怎么解答,结果他就去问爷爷,因为爷爷很老了,生活常识多,最终爷爷把答案告诉了他。

(点评:读图画书,首先要读封面。说"读"其实是"看"与"思"的准备。看到图上画了什么?猜猜可能是一个怎样的场景?把视觉与思维紧紧结合起来。让视觉更敏锐,思维更灵活。同时运用阅读期待,调动了阅读的兴趣。)

师:爷爷是个很有生活经验的人,对吗?下面我们就来看看这个故事到底讲了什么。这个故事的图画作者和文字作者是菲比·吉尔曼,他是加拿大人。

(老师介绍扉页和版权页。)

(点评:知道作者,记住作者,是阅读的一个好习惯、好品质,更是对他人智慧结晶、劳动成果的一种尊重。知识产权的意识应从此等细节做起。)

师:记住扉页的图案,等一会儿你会有新的发现哦!

师:"当约瑟还是娃娃的时候,爷爷为他缝了一条奇妙的毯子。"爷爷是很高明的裁缝师傅。你发现了什么?

生:我发现扉页上的图案和这条毯子一模一样呢!

(点评:环衬是图画书的一个重要而往往又会被人忽视的组成部分。环衬中透露出的信息很值得体味,是作者的"机灵"所在,先入为主,也可读完整本书后再细细品味。)

师:"毯子又舒服、又保暖,还可以把恶梦通通赶跑。"你看,约瑟睡得多舒服啊,这神奇的毯子一定让他每晚的梦都十分香甜。爸爸妈妈、爷爷奶奶都非常喜欢约瑟,瞧瞧,他们看约瑟的神情。

"不过,约瑟渐渐长大了,奇妙的毯子也变得老旧了。"

大家看看约瑟的毯子——(放大图片看)变成什么样子了?

生:原来漂亮的毯子变得破破烂烂了。

师:"有一天,妈妈对他说:'约瑟,看看你的毯子,又破又旧,好难看,真该把它丢了。'"

约瑟愿意丢掉毯子吗？看看约瑟的神情。

生：约瑟不愿意，你看，他紧紧抱着毯子呢。

师：他在说什么？

生：不要嘛，不要丢掉啊！

生：不要丢掉，我可喜欢它了，它是爷爷缝的！

师："约瑟说：'爷爷一定有办法。'"你看，约瑟的家分成两层。上面一层爸爸妈妈住，下面一层爷爷奶奶住。约瑟拿着毯子跑到爷爷家。

"爷爷拿起了毯子，翻过来，又翻过去。（老师边讲边用手做着翻过来又翻过去的动作）'嗯……'爷爷拿起剪刀开始喀吱、喀吱地剪，再用针飞快地缝进、缝出、缝进、缝出。"（老师做起了喀吱喀吱剪、缝进缝出的动作。同学们边看边听得津津有味。）

"爷爷说：'这块料子还够做……'"够做什么？我们来猜一猜。

（点评：利用阅读期待，可以使阅读的过程更有意思，从而赋予阅读更多的意义，产生更多的阅读乐趣。期待拉动内驱力，使阅读的效率更高。）

生：可以做条裤子或一件衣服。

生：做顶帽子。

师：这样大的一块毯子，做成一顶小小的帽子，是不是有点可惜了呢？

生：把破的地方剪掉，还能再做一块毯子。

（点评：看图听故事的过程，也是语言加深的过程。看——是对形象的感知；听——是在建立一种形象的认知；想——连接"语言的形象"与"形象的语言"的纽带。"想"是可以分层次的，可以推想，可以联想，也可以是猜测，更可以是天马行空的幻想。）

师：我们来看看爷爷怎么做的。

"……一件奇妙的外套。约瑟穿上这件奇妙的外套，开心地跑出去玩了。"

对面走过来的是约瑟的好朋友，他们会说什么？

生：小女孩会说他的衣服很漂亮。

（点评："想"是放，"看"与"听"是收。能放，还要能收。因为这是在阅读，必须坚持一定的价值取向，回到书本上来，书既是出发点，也是回归的家园。）

师：小约瑟得到了小女孩的夸奖，多得意呀！这是爷爷的功劳。

不过，约瑟渐渐长大了，奇妙的外套也变得老旧了。"有一天，妈妈对他说：'约瑟，看看你的外套，缩水了、变小了，一点儿也不合身，真该把它丢了！'"这件外套好像不能穿了，约瑟愿意丢掉吗？

生：不愿意！

师：他说："爷爷一定有办法！"（生合）约瑟非常相信爷爷一定能有办法。果然约瑟拿着这件老旧的外套跑到了爷爷家。

爷爷拿起了外套，翻过来又翻过去，嗯，爷爷拿起剪刀，开始喀吱喀吱地剪，再用针飞快地缝进、缝出、缝进、缝出。（老师做起了喀吱喀吱剪、缝进缝出的动作。）

"爷爷说'这块料子还够做……'"猜猜看还够做什么呢？

生：可能够做一顶帽子。

生：可能够做一件背心。

生：够做一条裤子。

师：我们来看看爷爷是怎么做的。你看，爷爷在改这件外套的时候，门口站了两个小朋友，这两个小朋友舍不得离去，因为他们要看看爷爷这次又变出什么魔术来。到底做成了什么呢？（翻书）哇，一件奇妙的背心！

第二天，约瑟穿着这件奇妙的背心去上学，约瑟背对着我们，你能够想象出他脸上的表情吗？

生：我想，约瑟脸上都笑开花了，笑得眼睛弯弯的，眯成了一条缝。

师：你来模仿他的样子给同学们看一看。（生做动作）好得意哟！约瑟多开心啊，有了这样一件奇妙的背心。老师、同学们都很羡慕，都很惊讶。

不过，约瑟渐渐长大了，奇妙的背心也变得老旧了。"有一天，妈妈对他说：'约瑟，看看你的背心！上面沾了胶，又粘着颜料，真该把它丢了！'"约瑟愿意丢掉这件背心吗？

生：不愿意。

师：这幅图上，妈妈怀里抱着一个小宝宝，妈妈什么时候生了小宝宝啦？

故事有没有告诉我们？（书翻到前面）你看到了什么？妈妈肚子大了，肚子里有个小宝宝。再来看，爸爸是个聪明的鞋匠，他做了一双小小的鞋子，为谁准备的？

生：为快要出生的小宝宝准备的。

师：奶奶正在织一件小小的毛衣，这件小小的毛衣又是为谁准备的？

图画告诉我们了，所以，我们在读图画书的时候不光要看文字，还要看图画，因为图画也是会说话的。

（点评：老师的补叙不容忽视。指导阅读的意义之一即在于此。学生不注意的、容易忽视的，老师必须指出、讲解。）

师：约瑟不愿意把这件小小的背心丢掉，他说——（生合）"爷爷一定有办法。""爷爷拿起了背心，翻过来，又翻过去。'嗯……'爷爷拿起剪刀开始喀吱、喀吱地剪，再用针飞快地缝进、缝出、缝进、缝出。"（老师做起了喀吱喀吱剪、缝进缝出的动作。）

"爷爷说'这块料子还够做……'"猜猜看还够做什么呢？

生：我想它还够做一双袜子。

生：还够做一顶帽子。

生：够做一条领带。

师：看看爷爷是怎么做的。这一次，爷爷的门口有三个小朋友，都不想离开，想看看爷爷这一次把背心变成了什么呢。天已经黑了，星星出来了，可是这三个小朋友还不肯离去，他们宁可不吃晚饭，一边吃着面包圈一边等待。

看，做成了什么？一条奇妙的领带！每个礼拜五，约瑟都戴着这条奇妙的领带去爷爷奶奶家。你看，一家人围着烛光吃晚餐，多温馨啊！

不过，约瑟渐渐长大了，奇妙的领带也变得老旧了。"有一天，妈妈对他说：'约瑟，看看你的领带！沾到汤，脏了一大块，弄得它都变形了，真该把它丢了！'"约瑟愿意丢掉吗？约瑟说："爷爷一定有办法！"（生合）我们和约瑟一样越来越有信心，爷爷也越来越胸有成竹。"爷爷拿起了领带，翻过来，又翻过去。'嗯……'爷爷拿起剪刀开始喀吱、喀吱地剪，再用针飞快地缝进、缝出、缝进、缝出。"（老师做起了喀吱喀吱剪、缝进缝出的动作。）"爷爷说：'这块料子还够做……'"还够做什么呢？

生：可能还够做鞋子。

生：够做一个扣子。

生：可以做一副手套。

生：还可以做一块毛巾。

生：还可以做一个口袋。

师：我们来看看爷爷的办法。一块奇妙的手帕！约瑟收集的小石头就用这块手帕包得好好的。这块手帕陪伴着约瑟度过童年的许多快乐时光。不过，约瑟渐渐长大了，奇妙的手帕也变得老旧了。约瑟的这块手帕已经破破烂烂的了，用它包着的小石子儿掉了一地。"有一天，妈妈对他说：'约瑟，看看你的手帕！已经用得破破烂烂、斑斑点点的，真该把它丢了！'"约瑟一脸的沮丧，他愿意丢掉吗？约瑟说："爷爷一定有办法。"（生合）

"爷爷拿起了手帕，翻过来，又翻过去。'嗯……'爷爷拿起剪刀开始喀吱、喀吱地剪，再用针飞快地缝进、缝出、缝进、缝出。"（老师做起了喀吱喀吱剪、缝进缝出的动作。）"爷爷说：'这块料子还够做……'"还够做什么呢？

生：还够做小宝宝的围兜。

生：还够做一个钱包。

师：我们来看看爷爷是怎么做的呢？看到了吗？一颗奇妙的纽扣！你看，约瑟把这颗奇妙的纽扣装在他的吊带上，这样裤子就不会滑下来了，扣子的命运又会怎样呢？

"有一天，妈妈对他说：'约瑟，你的纽扣呢？'"约瑟一看，纽扣不见了，这根背带弹了起来，他的纽扣掉了。约瑟、小伙伴和妈妈都大惊失色，约瑟找遍了所有的地方，楼上、楼下、庭院，就是找不到纽扣，约瑟急急忙忙跑到爷爷家。约瑟跑得太急了，惊动了楼上的爸爸，惊动了邻居，还惊动了路上的马匹。"约瑟嚷着：'我的纽扣！我的奇妙纽扣不见了！'他的妈妈跟着跑来，说：'约瑟！听我说。'""那颗纽扣没有了，不在了，消失了，即使爷爷也没有办法无中生有啊！"爷爷也难过地摇摇头说："约瑟啊，你妈妈说得没错。"一家人都很难过。约瑟的小妹妹在说什么？

生：小妹妹在说："这颗纽扣在她娃娃的眼睛上。"

生：小妹妹在说："哥哥，哥哥，不要难过了，我把这个布娃娃送给你。"

师：小妹妹手后边藏着什么？好像是一条毯子。这条毯子上有白云的图案，这是不是也是爷爷为她缝制的呢？我们猜可能是的。这块毯子怎么不送给哥哥呢？还把它藏到身后。

生：我猜她跟约瑟一样，这是她最心爱的毯子，她不愿意送给别人。

师：怎么办呢？纽扣不见了，约瑟是不是一直要沮丧难过下去呢？"第二天，约瑟去上学。'嗯……，约瑟拿起笔来，在纸上刷刷刷地写着，他说：'这些材料还够……'"还够做什么呢？

生：这些材料还够编一个故事。

师：你简直太厉害了。看看故事的结尾是什么。这些材料还够写成一个奇妙的故事。这个故事的名字就叫什么呢？

生：爷爷一定有办法！

（点评：阅读的流程，不是单程的，有时是双向的，有时是交叉的，有时需要反复地阅读，越读越有趣味，越有意思，让整个阅读过程，变成"悦读"的过程，进行一次愉快的旅程。）

师：故事的结尾就是它的开头，开头又是它的结尾，这个故事就好像一个完美的圆。喜不喜欢这个故事？（喜欢）为什么约瑟舍不得丢掉那些老旧的毯子、外套、背心、手帕？

生：他相信爷爷一定有很好的办法。

生：是因为这是爷爷亲手为他缝制的。这毯子上有星星，能帮他赶走噩梦。

生：这毯子是他一生下来就有的，就像他的护身符一样。

师：原来这块毯子和毯子做成的各种各样的东西记录着约瑟成长的岁月，陪伴着他童年的美好时光，更重要的是，密密地缝进了爷爷的一片爱。所以约瑟舍不得丢掉。你们有没有注意到约瑟那一颗纽扣不见的时候妈妈脸上的表情？我们再来看一看。你看，妈妈惊慌失措、非常紧张，你记不记得毯子老旧的时候妈妈一直说毯子老旧了扔掉吧，外套小了不合身扔掉吧，手帕破破烂烂的扔掉吧，现在，这一颗小小的纽扣不见了，妈妈为什么吓成这样啊？

生：妈妈理解了约瑟的心情，她懂了爷爷的爱，她肯定想，这纽扣丢了太可惜了，把爷爷的一片爱给丢了。

生：这毯子给他们家带来了无穷的惊喜。

师：原来约瑟一直以来的珍惜，约瑟看到纽扣不见了的紧张感动了妈妈，妈妈也变得珍惜起来、紧张起来。所以，是谁感动了妈妈？改变了妈妈？小约瑟！你看，孩子的力量多强大呀！不要小瞧了自己，有的时候，你是能感动大人甚至改变大人的。

那颗纽扣究竟到哪儿去了呢？想不想知道？看看我们的这幅图，在图的下方，角落里，还有一家子呢。是谁一家子？是小老鼠一家子！中间有个小老鼠坐在一个椅子上，津津有味地好像读着什么。那个椅垫子圆圆的，就是约瑟丢掉的那颗——纽扣！再看看小老鼠的头巾，小老鼠的小背心，小老鼠的背带裤，你发现了什么？

生：这些东西都是用纽扣的布料做成的。

生：爷爷剪去的碎布料就是小老鼠拿走的。

师：这个故事里面还有小老鼠一家，小老鼠一家过着什么样的日子呢？这个故事真是太有趣了，两个世界，两个故事。（翻书）

（点评：换一个角度，另一个侧面，使阅读从一个平面跃上一个立体的层次。）

师：约瑟的爷爷在缝制毯子，地上落了一些碎布料，这布料落到了谁的家里？小老鼠的家里。这两个小老鼠躲在洞口，它们好像是第一次看到这种东西，他们当时的表现是什么样子的？

生：肯定感到很奇怪，家里怎么会有这种东西呢？而且发现很好看，也可以用。

生：肯定会很惊喜。

生：这下子可以有很多布料给孩子做衣服啦！

师：小老鼠第一次见到这种神奇的蓝色布料，不知道它是什么，也不知道它可以用来干什么。后来的小老鼠用它做了什么呢？老鼠妈妈扯下布料，拿来一个核桃壳，原来老鼠妈妈生了宝宝，这宝宝身上的毯子就是用这蓝色布料做的。老鼠一家去散步，老鼠爸爸搀着老鼠宝宝好神气哟，老鼠妈妈的头巾，爸爸的背心，宝宝的背带裤，全是用蓝色布料做的。

这是老鼠的家。老鼠宝宝去上学了，那些老鼠穿的全是灰色的背带裤，只有这两个老鼠宝宝穿的是蓝色的背带裤，多神奇呀！

老鼠一家去野餐。

老鼠家的窗帘，它们拉在屋子里的布帘，它们的被子，小老鼠的衣服，全部都是蓝色布料做的。你觉得蓝色布料做成这么多的东西是谁的主意啊？

生：是老鼠爸爸和妈妈的主意。

生：是老鼠爷爷做的。爷爷见多识广。

生：是老鼠宝宝想的办法，因为老鼠宝宝觉得新奇。

（点评：这本书的特点是地板上下的巧妙联系。作者初稿并非如此，后来的版本中，加入了小老鼠一家的活动，从而更显作者的匠心。一块蓝布料，改变了约瑟一家，也改变了小老鼠一家，我们从中体会到的东西实在太多太多了，也许无法完全用言语表达，但内心有一种"温热"的感受，足够滋养我们的精神了。）

师：在这个故事里，小约瑟感受到了爷爷的爱，他非常珍惜爷爷的爱。在这个故事里，老鼠一家和爷爷都是那样地充满智慧，能够把普普通通的东西变得奇妙无比。一块普通的布料在爷爷的手里就变成了奇妙的毯子，然后，拿起剪刀开始喀吱喀吱地剪，再用针飞快地缝进、缝出、缝进、缝出，就变成了外套、背心、领带、纽扣，这些奇迹全都是爷爷创造的，因为他有慈祥的爱心和灵巧的双手。其实，这些奇迹是很多长辈都能创造的，只不过他们不一定是把毯子变成外套、背心。那你的爷爷、你的外公，他们对你的爱藏在哪里呢？

生：我回老家，没有煤气灶，就用灶烧火。那次我不小心，叉子烫到腿上了，爷爷就拿药给我治疗。

生：我跟爷爷住在一起，每天早上都是爷爷把我叫起来。爸爸下班迟，都是爷爷接我的。

生：外公每天接送我，有时一等就是很久，我一出来就问我怎么了，自己没有一点怨言。

师：你有没有问过爷爷啊？我们也要学着对爷爷表达自己的爱。你们有没有对爷爷表达过自己的爱？

生：有一次，爷爷生病住院了，我让妈妈带我去医院看爷爷，爷爷看到我很开心。

师：同学们，对爷爷的爱，可以用行动来表达，也可以用语言来表达，这都会给爷爷带来惊喜。今天，刘老师给你们想了个办法，我要送你们每人一张小小的卡片，然后，你们就把对爷爷、对外公的爱写在上面，画在上面，写什么画什么，你们说了算。我们不在课堂上写，因为这是你们跟爷爷的秘密。你们准备怎样把这张卡片送给爷爷，给他一个很大的惊喜呢？

生：晚上，等爷爷睡着了，把卡片放在他的旁边，让他一醒来就能看到。

生：放在爷爷的写字台上，他会特别快乐的。

生：藏在爷爷的包里，爷爷有个习惯，每天早上会翻翻包。

生：我把卡片夹在爷爷的图纸里，爷爷在纸上画图很累，看到卡片他会轻松很多。

生：我把卡片放在餐桌上。

生：放在眼镜边。

师：看来你们送卡片也是很有趣的故事。有时间读给刘老师听，好不好？这本《爷爷一定有办法》是刘老师非常喜欢的一本书，我读过很多遍，而且每一次读都会有很多新的发现、新的感觉。所以刘老师想，一本好书不是读一遍就能结束的，它可以在不同的时间读很多遍。比如说，你们今天听刘老师讲了，读中学、读大学的时候还可以再把它拿出来读一读，等你们成为爸爸妈妈了，可以读一读，等你们成了爷爷奶奶的时候还可以读一读，刘老师相信，你们还会有很多新的发现、新的感受。

（点评："爱"是这本书的一个"阅读点"。当然，一本书的阅读点不止一个，但对于不同年龄层次的阅读对象来说，要选好一个适合的阅读点，这是非常重要的。刘老师针对中年级学生的特点，将"爱"作为一个升华主题的切入口，非常巧妙。同时辅以恰当的延伸活动，让浪漫主义气息充溢在课堂，也让浪漫主义悄悄充盈孩子的心，使孩子健康、快乐地成长起来。）

师：大家有没有这本书？过生日的时候，六一儿童节的时候，不要别的礼物，就要这本书，爸爸妈妈问你为什么要这本书，你就说：因为有了这本书，我就会更加珍惜你们对我的爱！今天的故事时间结束啦，同学们再见。

总评：

（1）图画书进入语文课堂，虽只是一个尝试，但对语文教学的改革来说是一个推动，其意义在于：

其一，让阅读成为一种生活、一种习惯，而不是一种技巧；

其二，给孩子一个展示的平台，在这个形象的平台上，自由放飞心灵；

其三，让阅读变为一种"可视化"过程，易于操作，也易于接受。

（2）将"讲述"这一理念带进语文教学的课堂，在"思考"的课堂、"启发"的课堂里，融入"倾听"和"欣赏"的元素，让一个人的艺术素养和艺术能力逐渐丰厚起来，让人性的光辉充满整个阅读的过程。

中年段：《吃六顿晚餐的猫》教学设计

年级：四年级
设计者：刘颖

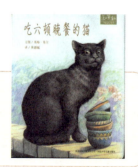

· 教学目标 ·

（1）教师用讲述制造悬念，激发学生的阅读兴趣，引导学生对故事发展进行合理化推想。

（2）通过对图画细节的观察，培养学生细致阅读的习惯及读图的能力。

（3）设置具有创意的小问题，如"取名"等，帮助学生深入理解故事的同时，活跃思维，发展想象力。

（4）利用书中的两个街名及两条街上的人对猫的不同态度，初步了解两位哲学家的哲学主张，播下爱与智慧的种子。

· 教学重点 ·

读懂故事，探索故事中的人们不同行为背后的不同观念。

· 教学难点 ·

思考故事的主角究竟是谁，进而了解两位哲学家的主要观点。

· 教学过程 ·

一、故事进入

（1）你见过什么样的猫？

（2）（看封面图）这是一只什么样的猫？

（3）（看封面图）这是一只吃六顿晚餐的猫，六顿晚餐在一家人家吃的，还是在几家人家吃的？（图画会说话，要看懂。）

二、读中交流

1. 读前提示

努力记住：（1）几个名字：猫的名字，街的名字；（2）图画细节：角色的表情、眼神；（3）故事细节：街上的人们的表现。

2. 教师讲述，穿插互动

（1）细致读图：（看图）吃了六顿晚餐的席德什么样？他的面前没有镜子，你来描绘给他听一听。他为什么捂着嘴？看看他的眼神。

（2）细致读图：（看图）席德的六位主人都在这张图里了，你能找全吗？

（3）深入思考：（看图）你看，他们不管骑车，走路，擦窗，眼睛都盯着席德呢，有的什么也没干，特地探出头，站在窗后盯着席德，你说，他们在想什么？心里嘀咕什么呢？（借机理解"彼此不往来"的生活状态，并追问"为什么会这样，你觉得他们心里是怎么想的"。）

（4）创意表达：为小猫取名字。许多国家都有取名专业公司，组成公司的成员包括语言学家、想象力特别丰富的人等。美国涅姆莱伯公司专事起名二十多年，颇有影响，往往起一个名收费高达十万美元，起名字可是一项独特的创造性的思维活动。

（5）代入想象：（看图）瞧瞧他那享受的样儿！这六张床各有特色，你最喜欢哪张？

（6）代入想象：席德喜欢人家挠他六个不同的部位，睡六张不同的床，作为六家人家的猫，他还会有些什么享受呢？

（7）细致读图：（看图）从第一汤匙咳嗽药到第六汤匙，席德的想法有什么变化吗？你来替他说说他的心里话。

（8）故事预测：吃六勺药就算最糟糕的事儿了吗？还有更糟的事在后面呢，是什么？猜猜看。

（9）情境思考：席德的把戏被揭穿了，主人们的反应是什么？（模拟电话场景：欧先生，你好！一只咳嗽的黑猫来我这里看病，看了六次，我想，他可能不只是住在你那里，呃，很抱歉。）

（10）深入思考：你认为大家生气的原因是什么？如果是你，你同意席德吃六顿晚餐吗？（追问：你知道为什么亚里斯多德街上的人不同意席德吃这么多晚餐吗？暂时找不到答案，没关系，因为我们知道得不够多，思考得不够深，记住这个问题，故事读完再来看。）

（11）故事预测：大家都认为席德只能吃一顿晚餐，对于一只吃六顿晚餐的猫，席德会接受吗？他会怎么做呢？

（12）故事预测：在毕达哥拉斯街，席德的运气如何？还会发生什么故事呢？

三、读后讨论

（1）记忆大考验：故事里的猫叫什么名字？

两条街名分别是什么？

（2）你觉得这是一只什么样的猫？

（3）面对同一只吃六顿晚餐的猫，两条街上的人态度有什么不同？你认为原因是什么呢？从故事中找出依据证明自己的观点。

亚里斯多德街上的人不交流也不知道，毕达哥拉斯街上的人交流并且知道。

两个街名其实也是人名，是什么人？作者为什么用两位哲学家的名字给故事中的两条街命名呢？看扉页对两位哲学家的介绍，你发现了什么？

亚里斯多德

他主张品德的标准在于用理性控制自然欲望，应掌握"过"与"不及"两极端的中间点。每个人都个别独立存在，各自追求属于自己的理性生活。

毕达哥拉斯

他用数字和音乐的"和谐性"解释一切现象和事物，主张所有的人和生物彼此有关联和交集，像一个和谐的大家族。

对于前面两问的思考：

亚里斯多德街上的人彼此不往来，你觉得他们心里是怎么想的？

你知道为什么亚里斯多德街上的人不同意席德吃这么多晚餐吗？

追问：毕达哥拉斯街上的人爱交流，也愿意接受吃六顿晚餐的猫的原因是？

对同一只猫，两条街上的人态度不同是因为什么？

（4）谁是主角？（作者借这个故事介绍了两位哲学家的不同主张。原来被浓墨重彩的那一位，有时并不一定是主角。）

（5）你愿意住在哪条街？现实生活中，你住在哪条街？

（6）这本书出自"Think 系列"，你觉得这个系列的书有什么特点？

四、拓展延伸

故事创作：

以下三个角色，请选择其中一个，创编或续写《吃六顿晚餐的猫》的故事：
（1）席德猫；（2）亚里斯多德街人；（3）毕达哥拉斯街人。

高年段：《桃花源的故事》教学设计

年级：六年级
设计者：深圳南山实验教育集团南头小学　周美英

·教学前的思考·

在上课前，我一般会问自己三个问题。

（1）通过这节课，学生要到哪里去？

这节课学生要去的地方就是——

话外：引导学生理解"桃花源"之意（也就是话外之意）；

画里：帮助学生理解"图画"之语（也就是画里之意）。

（2）学生会遇到哪些困难？

六年级学生理解文字故事中"桃花源"之意并不难。

理解图画故事中的"图画语言",因为缺少练习,会影响到对这本艺术作品的鉴赏。丰子恺在《图画与人生》中有这样一段话:嘴巴是肉体的嘴巴,眼睛是精神的嘴巴,二者同是吸收养料的器官。相异的地方是嘴巴的辨别滋味,不必练习。眼睛辨别美丑,即眼睛的美术鉴赏力,必须通过练习方能够进步。看一幅名画,请大艺术家看,他能完全看懂它的好处。请有些人看就不能完全看懂或者莫名其妙。可见嘴巴不要练习,而眼睛必须练习,所以嘴巴的味觉称为"下等感觉",眼睛的视觉称为"高等感觉"。

(3)提供哪些帮助让学生减少困难?

提供一些议题,提供一些方法,帮助学生理解"画里话外"之意。

教学过程

※ 课前

提供《桃花源记》原文和解释,学生自读。(六年级的学生有注释的帮助,理解故事大意不会太难。)

※ 课中

一、第一遍读

◎ 播放濮存昕朗诵《桃花源记》的视频。
◎ 问学生:听懂了吗?有的说听懂了,有的说没有完全听懂。
◎ 教师说,没有关系,大家来读读这本书,看看能不能听懂。
◎ 边读边讲《桃花源的故事》。
◎ 讨论:谁寻找桃花源的故事?
(1)武陵渔人寻找桃花源的故事。
这个故事主要讲的是谁寻找桃花源的故事?
学生回答:武陵渔人寻找桃花源的故事。

（2）陶渊明寻找桃花源的故事。

①出示《桃花源记》的写作背景。

《桃花源记》约作于421年，这时陶渊明归隐田园已经16年了。当时朝廷腐败，连年混战，税役繁重，人民怨声载道。在那种动乱的岁月里，陶渊明的一腔抱负无法实现，但他又不愿卑躬屈膝攀附权贵，遂产生了一种与污浊的现实社会格格不入的情感。他愤然归隐。陶渊明借助《桃花源记》塑造了一个与世无争的美好田园。他笔下的自然景色和农村生活，隐寓着不与世俗同流合污的高尚精神境界。

②你觉得陶渊明为什么要虚构一个"桃花源"的故事？

③引导学生理解"桃花源"是有话外之意的。这个"桃花源"是精神之境、理想之境。

④原来这本书表面上讲的是渔人寻找桃花源的故事，实际上讲的是陶渊明寻找桃花源的故事。

（3）松居直寻找桃花源的故事。

①（出示封面）这个《桃花源的故事》是"绘本之父"松居直先生以《桃花源记》为蓝本改编的故事。他很小的时候，家里就挂有《武陵桃源》这幅画，他后来读了《桃花源记》才知道了画里的故事。

②前面我们说了"桃花源"是有话外之意的，那你们觉得作为日本"绘本之父"的松居直，他的桃花源有可能在哪里？（在绘本里）

③这个故事也可以说是谁寻找桃花源的故事？（松居直寻找桃花源的故事）

二、第二遍读

1. 封面

（1）出示封面，这是本图画书，插画家是——蔡皋。这个故事其实还是蔡皋先生寻找桃花源的故事。

（2）我们刚才讨论了这本书的文字故事。作为图画书，我们还可以尝试着去读懂图画故事。下面我们就来看看画家是如何用图画来讲这个故事的。

（3）逐页讲读，边看边聊。

2. 前环衬页

你从这张图上读到了什么？（读到了战乱，读到了逃难。）

画家用哪些内容在讲战乱？（火烧着了房子、抓壮丁、裹尸、老妇人跪地哭喊，还有扶老携幼逃难。）

在逃难的人群中，画家至少画了 10 个孩子。请大家仔细看这幅图，你看到这些孩子都在干什么？（有的孩子趴在父亲的肩头睡着了，有的坐在地上大哭，有的坐在父亲挑着的箩筐里，有的被抱在怀里，有的提着篮子拉着年迈的长者，有的被父母拉着，有的被人夹在咯吱窝里逃离火海，有的跪在哭喊的大人身边哭喊……）

画家为什么要画这么多孩子呢？（有的孩子说战争对孩子童年的伤害是一生的伤害，有的说作家心里有孩子，有的说孩子是一家的希望……）

总结：很多图画书，在前环衬页就开始讲故事了。

3. 第 1 页

读这一页的文字。

这幅画主要画的是哪个词？（贫苦）

画家用哪些内容在叙述贫穷？（破茅屋、晒的破衣服、女主人的愁眉苦脸……）

引导学生关注到画家用暗淡的色彩、树木的稀疏等来表达贫穷。

4. 第 2 页

这幅图给你什么感觉？（压抑）

这种压抑的感觉是哪些元素带来的？

引导学生关注到这幅图中的隐含之意：灰暗、无光、逆流、前路茫茫。

5. 第 3 页

这一页给你什么感觉？（美）

哪些元素带给你美的感觉？（颜色明艳，叶子很有力量，充满生机，桃花在飞舞的动态美，渔夫脸上的表情。）

看着这幅画面，你仿佛听到了什么？闻到了什么？尝到了什么？

把文字挪动一下位置，你有什么感觉？

为什么文字放在这个位置就美了呢？（和渔船平衡）

在图画书中文字的位置也是有讲究的。（提高审美能力）

6. 第 4 页

这里说渔夫继续往前划，是因为前面鱼多吗？（不是）

这个时候他心里想着捕鱼了吗？（没有）

吸引他往前划的是什么？（是美，美是有力量的。）

随机总结：人有的时候做事没有那么功利，才可以寻到桃花源。

7. 第 5、6 页

渔翁为了进洞，把什么舍弃在外面了？（船）

舍弃船需要勇气吗？为什么？

如果不舍弃船，他能进入桃花源吗？

随机升华：要想进入桃花源，是要舍弃一些东西的，有舍才有得。

8. 第 7、8 页

前方一下明亮起来，眼前豁然开朗。

洞是哪两个世界的接口？（现实世界和理想世界的连接口、过滤口。）

9. 第 9—16 页

引导学生仔细看图中的细节，找到《桃花源记》中与这些句子相对应的画面：

> 土地平旷，屋舍俨然，有良田美池桑竹之属。
> 阡陌交通，鸡犬相闻。
> 黄发垂髫，怡然自乐。

桃花源里很美好，是因为这里有什么？（有和谐、有自由、有平等，有劳动之美、淳朴之美、真实之美……）

桃花源里很美好，是因为这里没有什么？（没有战争、没有官吏、没有苛捐杂税、没有强权……）

10. 第 17 页

告别时，桃花源里的农人送了什么东西让渔人带回去？（种子，拨浪鼓，有生存需要，也有精神需要。有大人的礼物，还有孩子的礼物。）

翻一翻前面，我们看看桃花源里画了多少个孩子，他们分别在干什么？

画家为什么要画这么多孩子？

11. 第 18 页

来时的桃花和回去时的桃花颜色一样艳丽吗？

为什么桃花没有以前那么多、那么艳丽了？（已经住了一段时间了）

画家用颜色的浓与淡、桃花的密与疏表达时间的变化。

12. 第 19 页

你看到渔夫在用什么做记号？（布条）

文字中有写到用布条做记号吗？

这是画家创作的情节。

你还发现了什么？（隐藏的人）

13. 第 20 页

比较两张图的不同之处：离家和回家比较（从色彩、表情、动作等处进行比较）。

14. 第 21、22、23 页

你们看到了什么？
这次的寻找桃花源和上次寻找桃花源有哪些区别？
不同之处：一个人，一群人；无意间，刻意去寻。
太刻意，太喧闹，有时是寻找不到桃花源的。

15. 后环衬

我们看到一个人面向远方，也许他在思考。他的思考也引发我们的思考：桃花源一定要到远方才能寻找到吗？桃花源是在远方，还是在我们的日常中，在我们每个人的心里？心中若有桃花源，何处不是水云间？

桃花源的故事，是渔夫的故事，是陶渊明的故事，是松居直的故事，是蔡皋的故事，也是你我的故事。

· 第二节 · 读后交流课 ·

中年段：
《在肯尼亚种树》
教学设计

年级：四年级
设计者：刘颖

· 课前准备 ·

（1）阅读《在肯尼亚种树》。
（2）完成阅读单。

· 教学过程 ·

一、人物概述（交流学习单名片部分）

（1）交流名片。
（2）补充资料：

旺加里·马塔伊"第一"的纪录：
中部和东部非洲第一位拥有博士学位的女性；
肯尼亚第一位主管大学院系的女性；
第一位获得诺贝尔和平奖的非洲女性。

（3）发起绿带运动，在肯尼亚种树，使旺加里赢得了世界的瞩目，甚至因此获得了诺贝尔和平奖。

二、旺加里"在肯尼亚种树"究竟有什么不平凡之处

阅读提示：比较感受语言风格，像玩捉迷藏那样寻找细节（文字的、图画的）和情感（角色的、作者的）。

为什么要在肯尼亚种树？（种树的原因）

那些曾经让每个家庭自给自足、赖以为生的小农场，都变成了大型出口茶

叶种植园,现在几乎所有农场都种上了经济作物。旺加里发现,人们不再种粮食和蔬菜,而是去商场购买。可商店里的食物很贵,他们负担不起,而且也没有自己种的那么好。所以儿童,甚至大人的身体都变得很虚弱,经常生病。

(1)(图画细节)比较两幅图有什么地方不同。

(2)(文字细节)作者为什么要强调"无花果树"和"青蛙卵"这样两个细节呢?有什么特别用意?

她看见曾经牛羊满山、树木苍翠的地方,如今变得光秃秃。为了修建通往农场的道路,许多树木被砍掉了。妇女和儿童要走很远的路去捡柴火。有时,甚至要步行好几个小时,才能找到一棵树或是一片矮树丛,捡一点柴火,用来烧水、做饭、给房屋供暖。随着一棵棵树被砍伐,森林变得越来越小,大片的土地像沙漠一样荒凉。

追问:(图)①谁去捡柴火?捡柴火做什么?也就是说没有树,就等于……②还有哪里告诉读者,再这样下去,这里的人没法活了?

没有树,就没有根来保持水土。没有树,就没有阴凉。原本肥沃的表层土干涸后成了沙尘,被狂风吹走。雨把松散的泥土冲进小溪和河流,泥沙弄脏了曾经清澈的溪水和河水。

(3)(图画细节,文字中没写的)一个小伙子在赶一群羊,这个内容文字中没有,图画会说话,作者想告诉我们什么呢?

(4)(对比文字细节:"不过是短短的五年,却似乎有二十年之久")从"牛羊满山、树木苍翠"到现在的"光秃秃",这场翻天覆地的变化仅仅不过短短的五年时间,为什么却似乎有二十年之久?(环境恶化速度之快,改变迫在眉睫。)

补充资料:

荒漠化是肯尼亚面临的严重生态问题,数百万人因此忍受干旱和贫穷的折磨，森林覆盖率不到2%。联合国认为一国森林覆盖率最低为10%，才能提供基本的降雨、地下水和纯净的空气等。为了索取燃料、开垦农田，穷苦的人们肆意砍伐树木。随着树木的消失，动物与其它植物也开始消失。因为缺乏树木的保护，地面表土遭雨水侵蚀，土中养分全被带走。自然环境的退化加深了贫困的恶性循环，带来营养不良、食用水短缺、传染病蔓延等问题。

——《旺加里·马塔伊 和平的绿色使者》

总结：所以，旺加里在肯尼亚种树，有什么不平凡之处？

旺加里在肯内亚种树有什么不平凡之处，刚刚我们从种树的原因去寻找的，现在可以到旺加里种树的过程中去找一找。

（1）教妇女。

失败再坚持：夭折。

示范：照顾小宝宝。

非常辛苦：如取水。深坑、爬进去、举上来、再返回……

（2）教孩子。

（3）教囚犯。

（4）教士兵（旺加里语言的艺术）。

她对士兵们说："你们拿着枪，但是你们在保卫什么呢？因为水土流失，国家在逐渐消亡。你们应该一手拿枪，一手拿树苗。那样才能成为真正的战士。"

你怎么理解旺加里的话？

战士的职责是什么？拿枪是做什么？拿树苗是做什么？

（观察图画细节、角色表情，感受旺加里的语言艺术。）

资料显示旺加里的口才特别好。

补充资料：

她为人豪爽，快人快语，深入实际，体恤民情，再加上嗓音洪亮，讲话时极富感染力。

——《黑非洲的绿色斗士——记肯尼亚绿色环保活动家马塔伊教授》

①用旺加里的语气读一读这句话。
②找出旺加里说的话，发现她的表达秘密。

对妇女们说——"想一想我们自己在干什么……我们在砍伐肯尼亚的树。如果问题是我们自己造成的，那解决问题的人也应该是我们"。

对所有人说——"当地表裸露，那是大地在哭泣，在寻求帮助。它需要穿上衣服，它需要色彩，需要绿色，那是大地本来的样子"。

③想一想，她进校园会怎么和小孩子们说?

总结：旺加里种树，有什么不平凡之处？不是一个人种，是号召、带领妇女、孩子、囚犯、士兵……这个国家的人，大家一起种。所以她种下的不只是一棵棵树，她还种下了……

旺加里在肯内亚种树有什么不平凡之处？刚刚我们从种树的原因和过程中去寻找的，现在可以到哪里找？——种树的结果。

在旺加里开始行动后的三十年里，一棵又一棵树成长起来，一个又一个人加入进来，在肯尼亚一共有三千万株树被种下——而种树活动仍在继续。

你有什么联想？

补充资料：

1977年，马塔伊开始在肯尼亚宣传植树造林的理念，创建和启动了"绿带运动"。这一自发的民间环保运动，将环保理念传播到了20多个非洲国家，并在非洲种下了3000多万棵树。

——《旺加里·马塔伊　和平的绿色使者》

经过数十年的不懈努力,至2004年,在非洲共植树3000多万棵,设立了6000多个苗圃,改善了很多地区的土壤及环境状况。肯尼亚越来越多的民众逐渐认识到,环境问题关系到每一个人的生活,环保是每个公民都应具备的意识和应尽的义务。

——《马塔伊和肯尼亚"绿带运动"》

(1)(图画细节,色彩的意义)旺加里说:"当地表裸露,那是大地在哭泣,在寻求帮助。它需要穿上衣服,它需要色彩,需要绿色,那是大地本来的样子。"

图画上的色彩来自——作者画了穿着这么艳丽色彩服装的人,除了符合非洲当地风俗外,还有什么特别的意义吗?

(2)(图画细节,角色表情)旺加里眺望着远方,她可能在想什么呢?你的依据是?

(3)理解"绿带运动"对非洲女性生存状态的改变。

很多妇女在家务农、带孩子,她们不会读写,没有人认真对待她们。

但是种树并不需要上学才能学会,也不用等政府来帮忙,她们可以改变自己的生活。

种树非常辛苦,但妇女们却为此感到自豪。

她们一起劳作,这使她们团结在一起,就像树木一起生长在日渐丰茂的山坡上。

男人们看到母亲、妻子和女儿的劳动成果,非常钦佩,甚至也加入到她们的行列中。

补充资料:

在肯尼亚的传统中,女性地位低下,她们扮演着妻子、母亲、养育者、管家和食物提供者的角色。女性是屈从于男性的社会角色,而男性则被视为私人和公共领域权威的决策者，妇女在参与发展进程和争取两性平等方面面临着巨大的挑战。以肯尼亚女性接受正式教育的比例为例，直到1979年肯尼亚仍有57.4%的女性从未接受过正式教育。

——《肯尼亚的女性与环保：旺加里·马塔伊和绿带运动》

补充资料：

旺加里的丈夫在（20世纪）80年代和她离婚了，他抱怨她"太有文化、太强干、太成功、太固执也太不好控制"。

——《丛林中的女神——旺加里·马塔伊》

核心词语理解：

她们一起劳作，这使她们团结在一起，就像树木一起生长在日渐丰茂的山坡上。

男人们看到母亲、妻子和女儿的劳动成果，非常钦佩，甚至也加入到她们的行列中。

总结：旺加里种树，有什么不平凡之处？她改变的仅仅是肯尼亚的自然环境吗？她还改变了，改变了，改变了……

图画细节对比：一开始的束手无策、愁眉苦脸，到后面的笑容洋溢、自信满满；小苗圃是小乐园，是大家共同的家园。

三、难题挑战：旺加里在肯尼亚种树，为何得的是"和平奖"

（1）有人说，旺加里的行为值得人尊敬，但似乎与"和平"的主题差得远了点儿。（根据诺贝尔的遗嘱，和平奖应该奖给"为促进民族团结友好、取消或裁减常备军队以及为和平会议的组织和宣传尽到最大努力或做出最大贡献的人"。)

（2）你认为旺加里做的事与和平这个主题有关联吗？植树、环境保护和和平有什么关系？

四、这本书与我

旺加里改变了这么多人，改变了这个世界，会不会也改变你呢？旺加里会让你有哪些改变呢？

我们每个人都能有所贡献。我们往往放眼庞大的目标，却忘记无论身在何处，都可献上一份力量……有时我会告诉自己，我可能只是在这里种一棵树，但试想一下，如果数十亿人都开始行动的话，这将产生何等惊人的结果！

——旺加里

五、深入阅读，留下更多的思考

（1）旺加里种树，为什么从教妇女开始？你猜想，她会如何说服她们呢？

（2）那么多和旺加里生活在同一个地方的女性，为什么只有旺加里成了绿色和平使者？

（3）这位作者为什么没有描写旺加里的外貌，甚至连图画中的正面肖像也几乎没有？

《在肯尼亚种树——旺加里·马塔伊的故事》
阅读单

学校_____ 班级_____ 读者_____

一、认真阅读本书故事，欣赏图画，边读边想，可在阅读单上做关键词记录。

　　思考角度提示：1.感受；2.联想；3.评价；4.文中关键词句；5.图画细节等。

二、试着理解自己不懂的词语，如：汲水、修女、生物学、经济作物、贫瘠、苗圃、夭折、务农、诺贝尔奖等。如感兴趣，可简单了解肯尼亚风俗文化及其他非洲国家自然与经济状况。

　　理解方法提示：1.联系生活；2.联系上下文；3.查资料；4.请教长辈；5.和同伴讨论；6.看书中的图等。

三、根据本书故事和书后《作者手记》填写旺加里·马塔伊的人物名片。

　　人物名片

　　姓名：_____ 国籍：_____ 身份：_____

　　主要成就：_____

　　_____

　　_____

　　主要言论：_____

　　_____

　　_____

　　外界评价（含所获荣誉）：_____

　　_____

四、尝试用不同的词语和说法赞美旺加里·马塔伊，如：执着、绿色的使者等。

　　1._____ 2._____ 3._____
　　4._____ 5._____ 6._____
　　7._____ 8._____ 9._____

五、读了这个故事，请提出两个你认为有价值的问题。

1._____

2._____

质疑角度提示：1.对人物的评价认知；2.对故事内涵的理解感知；3.对作者写作方法、语言表达的思考感悟等。

高年段：《麻雀》教学设计

年级：六年级
设计者：刘颖

· 课前准备 ·

（1）阅读《麻雀》。

（2）完成阅读单。

· 教学过程 ·

一、故事里的人

1. 交流阅读单（有关人的部分）

故事里的一群人是什么样的人？

（1）交流要求。

观点可以一致，可以补充说明，表达自己的思考时尽量不要重复别人的语言。

（2）表达顺序。

我的描述：这个关于麻雀的故事里有一群_____的人。

文中依据：_____

我的思考：_____

2. 关于这群人

（1）疯狂。

①图片1。

文字："喊得震耳欲聋的当然是大人。他们喊'哦——'能直冲云霄，他们连喊'喔——去'也嘹亮。"

图画：看了图片后，你想用什么词句来形容这样的声音？

作者用的是"震耳欲聋""直冲云霄""嘹亮"，你发现自己的用词和作者最大的不同是什么？

②图片2。

听老师读故事里的一段文字。看图再听一次，说说两次听的想法。

文字："我回过头往下面看，发现那些叫喊的人好像的确都疯了。我想看看外祖母是不是还在叫喊，是不是也疯了，结果没有看见，她大概去做饭了。"

图画：你看看这些敲着钢精锅，挥舞床单、毛巾、破衣服的人，你能看出他们的性别、大概的年龄和职业吗？这里面会有什么样的人？

资料链接：

北大生物系研究生黄爱珠回忆：

很可惜，两个大教授去干这种事，很可惜。张翔、沈同两位先生站在生物楼对面小楼的屋顶上，拿着一个系着小旗的旗杆赶麻雀。

这位学生为什么感到可惜？

③图片3。

大家都不工作了，学生也不读书了，这样的城市，这样的家是什么样的呢？

文字里描绘"好玩""伟大"。你觉得图画表现了好玩和伟大吗？那么这幅图好像在告诉你什么？

④图片4。

"我"站上了屋顶，看到了挥舞破衣服破被单的人，看到很多敲锣打鼓的人，看到外祖母。"我"看到的这些都没有在图里出现，绘图者画了什么，你看出了什么意思呢？

文字作者用文字表达，绘图作者用图画补充，他们都在表达自己的理解和感受。我们读了文字，看了图画，也诞生了自己的想法。

（2）残忍。

资料链接：

麻雀战的战术就是迫使这些可怜的生灵得不到在房顶或树上休息的机会，而只是不停地飞。据说一只麻雀连续飞4个小时就一定因为筋疲力尽而从天上掉下来。所以直到深夜，大鼓一直在敲。男孩子们则带着气枪和弹弓扫荡全市，不分青红皂白地消灭一切长着翅膀的生灵。

——科技史与科技考古系教授熊卫民

（3）愚昧。

英籍女作家韩素音在《麻雀即将灭亡》一文中提及，在三天的灭雀大战之后，一望无际的天空已见不到一只麻雀。

资料链接：

各地不完全统计，1958年全国共捕杀麻雀2.1亿余只，可怜的麻雀所剩无几。1959年春，上海等一些大城市的树木发生了严重的虫灾，有些地方人行道两侧的树木叶子几乎全部被害虫吃光。而中国农村也因为虫害等问题而产生了严重的歉收和饥荒。对于这种现象，人们需要解释，而且许多人也做出了最为合理的解释：这是消灭麻雀的恶果。鸟儿虽多，但分布最广、与人类最为亲近的是麻雀，因而它对于控制虫害有巨大的作用。将它们消灭殆尽，害虫自然会猖獗起来。

——科技史与科技考古系教授熊卫民

（4）饥饿。

这件事看起来那么不合常理，错到让人奇怪的地步，人们却似乎不知道，就这么干了，有原因吗？你能从这本书里找到答案吗？

作家的话：

那时候我们大家都吃不饱饭。"我们大家"是谁呢？就是我们中国人。真的是吃不饱哦。我们小孩也吃不饱。过年的时候，外祖母烧了一大锅饭，平时吃不饱，过年让我们吃饱。我两岁的妹妹，一碗、两碗、三碗、四碗，一会儿就吃了四碗饭！那是年三十的晚上。妈妈问："妹妹，吃饱了吗？"妹妹摇摇头。妹妹眼睛睁得很大地看着妈妈。妹妹睁得很大的眼睛我一直记得。

我买了一个饼站在马路上吃。那是要用票买的。什么叫票呢？是钞票吗？不是，是饼票。一张饼票，再加钞票，就可以买一个饼吃。我咬了一口。我神采飞扬地还没有咬第二口，只见一个孩子飞快地奔来，夺过饼，飞快地就逃了。真是飞快！上中学的时候，我成了一个短跑运动员。我得第一名的时候，不止一次想到过这个抢饼男孩，我想，我和他究竟谁跑得快呢？我甚至在运动会的跑道上搜寻过他，看看他是不是也成为运动员了。其实我根本没记住他长什么样，我只记住了那闪电般的迅速感觉。

因为麻雀要吃地里的粮食，不但吃稻谷，而且还吃麦粒。把麻雀全部消灭光，那么粮食就多了，肚子就不会饿。

对于那个年代打麻雀的这种行为,你的态度是理解并支持、理解但不支持、不理解但支持、不理解不支持中的哪一个呢?请说明理由。

二、故事里的麻雀

1. 交流阅读单(有关麻雀的部分)

你怎么看故事里的麻雀?

(1)交流要求。

观点可以一致,可以补充说明,表达自己的思考时尽量不要重复别人的语言。

(2)表达顺序。

我的描述:在这个故事里,麻雀是_____。

文中依据:_____

我的思考:_____

2. 关于麻雀

麻雀的提醒:

(1)那些疯了的人知道自己疯了吗?"我"知道自己疯了吗?"我"怎么知道的?

原文:

"你们疯了吗?"大麻雀说。

"你看看他们都疯了。"大麻雀说。

"都疯了。"

大麻雀说:"不飞,他们都疯了。"

(2)麻雀仅仅提醒了"我"吗?

原文：

小麻雀不管说什么话后面都要加"喔——去"。我不知道它是不是从生下来就不喜欢像疯子一样的人，它学会了说"喔——去"，它是让疯子们走开！

（3）这样的疯子、这样的荒唐事只在那个年代出现过吗？现在有吗？
（插播视频，截选《愚昧年代》片段。）
作者的话：

麻雀是一个象征，因为这样荒唐的事情不仅在中国继续，在世界也都在继续。

我们一直在<u>消灭</u>着一些东西，比如我们曾经把森林毁掉，过了很多年后，<u>洪水泛滥了</u>，于是我们<u>又呼唤人们要种树</u>。（横线上可继续填写自己的想法）

也许因为生存的需要，也许因为利益的驱动，我们，地球上的人类做过不少或正在做着荒唐事。这是麻雀的提醒，是这个故事的提醒，当然也是作者的提醒。

三、故事里的真与假

（1）读一读作者的话：

这个故事是真的。
那时我八岁。
我的外祖母已经去世了。
两只麻雀已经去世了。
很多疯子还活着。
我这个疯过的人也还活着。
我的故事讲完了。

它是真的。

但是你如果要说不是真的我也没有办法。

（2）这个故事里你们觉得麻雀说话，麻雀救"我"，包括麻雀标本都不像真的，所以这个故事是个童话。童话里的真实是什么呢？你发现了哪些是真的呢？

① _____ 是真实的。

②对于这些真实，作者的态度和心情如何，你能感受到吗？

③你会用什么颜色来表现这些情绪？（回到图画书黑白灰的世界，理解绘者意图。）

（3）这本书的整体色彩是黑白灰，与这个荒唐的事件给人的压抑感呼应，你们有没有发现，故事里有两张彩色的图，是哪两张？彩色的图给你什么感觉？黑白开始，彩色结束，你有何联想？

四、问题与探索

（1）为什么这么多人一起疯狂？还发生过什么荒唐的事情吗？

（2）以"我"的年龄，"我"就没有经历过那个年代。那个年代已渐渐远去，发生的事也渐渐被遗忘，作者为何要通过故事与回忆的方式记录？

我们可以做的就是记录、描述、思考这个时代。我现在要做的事，意向上比较清晰的，一个是抵制浅薄庸俗的社会娱乐风气，还有一个就是抵制遗忘——把那些经历过的、记忆中的事情，以及我们思考到了什么程度，尽可能传给下一代或下几代人。

——陈家琪

（3）写作风格探索。

作者克制又谨慎地使用那些尖锐的字眼，只用一个童话故事平和地甚至温暖地表现这个疯狂冰冷的场景,让你感受到作者的想法,以及我们应该如何,这比起直接的教训与忏悔似乎更引人思考。

《麻雀》阅读单

学校_____ 班级_____ 姓名_____

一、完整地阅读《麻雀》。

二、我的资料链接。

我了解的内容	我的了解方式(如:询问长辈、查阅资料、联系故事自己思考等)
钢精锅子	
天窗	
锣鼓喧天	
居委会	
我还了解到	

三、你如何看待故事里的这群人和麻雀?请列出你在文中找到的依据,写下你的思考。

四、我的问题。

读完这个故事我最想和大家讨论的问题是(问题描述尽可能清楚):

问题一:_____

问题二:_____

·第三节·主题阅读课·

中年段："我就是我"主题阅读教学设计

主题：自我认知——"我就是我"
书目：《我是一只蓝色猫》《小猫玫瑰》《有个性的羊》
年级：四年级
设计者：刘颖

·教学目标·

通过阅读与众不同的蓝色的猫、小猫玫瑰和有个性的羊的故事探讨何谓"与众不同"，与众不同会带来些什么。比较三位主角的人生路，启发思辨，寻求认识自我的方法。

· 教学过程 ·

一、游戏引入

游戏：（我不是你）找不同。

规则：

（1）你和刘老师像不像？找出你和刘老师的一个不同点（外在的异）。

（2）你和小伙伴像不像？找出你和他的两个不同点（外在、内在的异）。

（3）不重复已经比较过的不同点。

结语：我们每个人都和其他人有不一样的地方。

二、故事讲述与讨论

今天我要和大家一起来认识几位特别不一样的、与众不同的朋友。

今天听故事有挑战，我们要讲好几个故事，记住关键内容，我们才能讨论有趣的问题。

1. 第一个故事《我是一只蓝色猫》

（1）猜一猜（问题指向：对于与众不同的人的生活方式，儿童的第一想法）。

（蓝色猫图）这是一只蓝色的猫。你们谁见过一只蓝色的猫？你觉得蓝色的猫过的日子跟灰色的猫、黑色的猫、虎皮色的猫差不多呢，还是差很多呢？

（2）故事重点（贴图：蓝色的猫，人、海等怒视，不断寻找，和红头发小女孩一家在一起）。

蓝色的猫喜欢自己，可是别人不喜欢它，直到有一天遇到那位火红头发的小女孩。小姑娘的家人每个人都各具特点，有两米多高的爸爸，只有三个苹果高的妈妈，他们很融洽。最后蓝色的猫和小姑娘一家人幸福地生活在一起。

（3）讨论。

为什么红头发小女孩和她的家人能接受蓝色的猫，很喜欢它呢？

为什么别人都不喜欢蓝色的猫，也不接受蓝色的猫？

2. 第二个故事《小猫玫瑰》

（1）猜一猜（问题指向：对于与众不同的人，儿童的接受度）。

有一个高贵的黑猫家族，整个家族因为有着发亮的乌黑皮毛而闻名。一天，一只红色的猫诞生在一个长着貂皮般皮毛的黑猫家族，她的生活会怎样呢？

（2）故事重点（贴图：小猫玫瑰，家族猫怒视，成摇滚明星，受欢迎）。

几乎整个家族为她感到耻辱，尤其是猫爸爸关老爷。小猫玫瑰决定离家闯荡。后来，她成了一位摇滚明星。已经当了妈妈的小猫玫瑰带着自己的四个猫宝宝回到黑猫岭看望家人。家里出了这么个有名的摇滚歌手，黑猫家族的人都非常高兴。小猫玫瑰指着自己的猫宝宝，对猫爸猫妈说："看，我的孩子们，这三个红色的小毛头跟我一样，可这只小黑猫……他想跟你们住在一起。"

（3）讨论。

开始的时候，家族里的猫不喜欢玫瑰，后来为什么喜欢了呢？如果她没有成为摇滚歌手，还是一只普普通通的红色小猫呢？

玫瑰是红的，她的宝宝有一只是黑色的，红与黑，究竟谁是与众不同的？

3. 第三个故事《有个性的羊》

（1）猜一猜（问题指向：儿童心目中的"有个性"是什么样）。

有个性的羊，这会是只什么样的羊呢？

（2）故事重点（贴图：羊，羡慕她的羊友，蓬蓬羊，剪毛羊，戴上围巾的羊）。

有个性的羊不想剪羊毛，别的羊一段时间都要剪一次羊毛，有个性的羊觉得不剪羊毛很暖和。而且她可以扎小辫子，玩跳水炸弹，把自己藏起来让别的羊找不到。有个性的羊会滚出又大又宽的草垛，旋转游戏也是她玩得最好。大家羡慕她的特别，喜欢她的特别。然而有一天，有个性的羊决定剪掉羊毛，因为她实在太热了！

（3）讨论。

如果你是羊群里的一只，你对这位有个性的朋友是什么感觉呢？你为什么喜欢她，或不喜欢她？

剪了羊毛后，有个性的羊还是有个性的羊吗？

三、比较讨论

（1）回顾故事，按故事顺序贴图，重温三个形象。

（2）蓝色的猫，小猫玫瑰，有个性的羊，他们都与众不同，你觉得他们三个谁是幸运的？他们的幸运是谁带来的？

四、总结与探索

（1）究竟是什么让我成了独一无二的我？是那些和别人不一样的地方让我成了独一无二的我。因为这些与众不同，我才是我。

（2）可是我和别人究竟不一样在哪里？这些与众不同的地方又会给我带来什么？我要不要坚持自己？

（3）有哪些方法能让我们认识自己呢？

自我发现方式之一：自己与别人的对比。

自我发现方式之二：别人对自己的评价。

爱思考，爱智慧，会思考，有智慧，就能发现自己，找到属于自己的幸福和快乐！

高年段：《雪花人》与《装满昆虫的衣袋》比较阅读教学设计

主题：成功的秘诀
书目：《雪花人》
　　　《装满昆虫的衣袋》
年级：五年级
设计者：刘颖

· 教学目标 ·

（1）通过阅读比较发现主人公经历以及作者创作手法的异同。
（2）从主人公的成长经历的比较中发现成功的因素。
（3）从《雪花人》创作的"注记"中发现这类文字说明的意义。

· 教学准备 ·

（1）阅读《雪花人》。
（2）完成阅读单。

· 教学过程 ·

一、课前导入

（1）你最喜欢做的事是什么？
（2）我们学习了《装满昆虫的衣袋》，阅读了刘老师推荐的《雪花人》，这两篇作品的主人公最喜欢做的事是什么？

二、阅读单交流

（1）小组交流。
通过比较阅读，我们发现法布尔和威利这两个人物，有相似点也有不同点；

主要描写这两个人物的两篇作品《装满昆虫的衣袋》和《雪花人》也有相似点和不同点，同学们课前已经开始思考了，我们来交流一下。

四人小组交流提示：轮流发言，耐心倾听。共同讨论两个问题：一致观点，特别发现。讨论结束后选一人代表小组在全班交流。

（2）班级交流（小组汇报）。

三、带领比较阅读并做重点讨论

1. 关于故事内容：成长经历对比与发现（重在"同"）

（1）令我感动的细节。

在法布尔和雪花人威利的故事中，哪些细节让你感动？先读读原文，再说说你的感受。

（2）对比成长经历，发现成功要素。

法布尔写出了十卷《昆虫记》，被誉为"科学界的诗人"，威利的《雪花》一书直到今天都是认识雪的入门书，他们用一生的不倦为我们揭示了自然的神秘和美丽。对比他们的成长经历，你觉得有哪些相似之处？

（痴迷与执着，善于观察与总结……）

从他们的成长经历中，你发现一个人在某一方面能有所成就的重要因素是什么？用一个关键词来说。

（黑板上写关键词，讨论后保留大家认为最重要的。）

总结：能发现自己的兴趣是一件多么幸运的事，这是一件你打心眼儿里喜欢的事，不因为它给你赢得赞美，换来荣誉，只是因为你喜欢。一个人生活在世上，如果有一样爱好，无论这种爱好能否用来谋生，只要能从中获得快乐，拥有与人分享的体验，就应该被欣赏和支持。

2. 关于写作方式：写作方式的对比与发现（重在"异"）

（1）《雪花人》的文字内容，比起《装满昆虫的衣袋》，不同在哪儿？（多了文字说明，也称"注记"。）

（2）探讨"注记"的意义与阅读。

在阅读《雪花人》的时候，你读注记了吗？怎么读的？（是全部都读了，还是挑自己感兴趣的部分读；是先读故事再读注记，还是一边读故事一边看注记。）

你觉得"注记"有什么用？或者你觉得哪一处注记很有必要。选择《雪花人》里的一处例子说说你的看法。

注记这么重要为什么不直接放到故事中而是链接在旁边呢？举一例说明。（①语言风格——严肃、正式、说明性的；活泼、亲和、描述性的；②注记的方式既保证了故事的流畅完整，又丰富了故事的内容，拓展了故事的空间；③人物故事看起来更真实。）

不少优秀的人物传记，如罗曼·罗兰编著的《名人传》，都是用附加注记的方式写作的，你可以从《雪花人》开始，慢慢开始阅读这样的作品。

（3）发现"独白式"注记的特点并尝试仿创。

①《雪花人》篇末的注记是威利的独白，这可以让读者听到威利的心声。

一般农场的农夫们，大都在天刚亮时起床，到牛群中工作。我也是在天刚亮时起床，却是因为想要发现挂着露珠的树叶，或被露水细致地装饰成珍珠项链般的蜘蛛网……我带着相机，跪在湿湿的草地上，拍下大自然精致的点点滴滴。我这样做，可以帮助许多人看到他们自己无法看到的美丽事物。他们每天还是有牛奶喝，其他农夫会保证这一点。不过，我想，我为他们做的，是同样重要的事情。

②我们在《装满昆虫的衣袋》的篇末也添加一段法布尔的独白，你觉得哪段话合适，做出选择并说说你的理由。

兴趣是最好的老师，对某件事情产生了兴趣，我们就会全身心地投入进去，做得那么有滋有味，兴趣盎然，忘记了周围的一切，甚至忘了自己。

学习这件事不在乎有没有人教你，最重要的是自己有没有觉悟和恒心。

在对某个事物说"是"以前，我要观察、触摸，而且不是一次，是两三次，甚至没完没了，直到没有任何怀疑为止。

我们所谓的丑美、脏净，在大自然那里是没有意义的。

在科学上最好的助手是自己的头脑，而不是别的东西。

我的蟋蟀啊，有你们相伴，我却感受到生命的颤动；而生命正是我们这些稀泥土坯的灵魂。正因为这个缘故，我才靠着迷迭香篱笆，只是漫不经心地瞥一眼天鹅座，却把所有注意力都放在你们的小夜曲上。

③在讨论的基础上尝试写一段法布尔的独白，作为《装满昆虫的衣袋》的注记，写在阅读单练习栏里。

四、推荐与练习

今天我们对比了两篇写杰出人物的故事的作品，写杰出人物的故事很多，作者写作方式也各不相同，有的长，有的短；有的重在某一阶段，有的讲述一生；有的作者描述冷静客观，有的作者描绘带有浓烈的个人判断；有的传记是自己写，有的传记是别人写。杰出人物的故事不光可以通过文字记录，还可以通过电影展现。威利是马丁心中的英雄。每个人的心中都有一个英雄，读一读这些英雄的故事，震撼我们的心灵，也让我们发现人怎么活着才活得有意思，活得有意义。

板书：

     《装满昆虫的衣袋》   《雪花人》

           同

     成长   （学生写关键词）

           异

     写作   故事   故事＋注记

《装满昆虫的衣袋》《雪花人》比较阅读学习单

学校_____ 班级_____ 姓名_____

一、填写比较阅读表。

★填表提示：重温《装满昆虫的衣袋》，仔细阅读《雪花人》，认真思考后填写。"写作手法"可以从作者为了表现人物的特点如何选材，如何安排材料的顺序、结构，如何描述，如何表达自己的观点等角度思考。

比较类别	异同点	《装满昆虫的衣袋》	《雪花人》
文章内容	同		
	异		
写作手法	同		
	异		
我还发现	同		
	异		

二、故事中最让我感动的细节（有感情地朗读原文后填写）。

《装满昆虫的衣袋》原文内容：_____

_____

令我感动的原因和我的思考：_____

_____

_____

《雪花人》原文内容：_____

令我感动的原因和我的思考：_____

_____

_____

练习栏

装满昆虫的衣袋

1823年12月22日,著名昆虫学家法布尔出生在法国南部一个名叫圣莱昂的小村子里。村子里小溪纵横,花草丛生,附近丛林中鸟栖虫居,各种可爱的小动物跑来跑去。法布尔从小就对小虫子非常着迷。

一天傍晚,暮色笼罩了田野,爸爸妈妈忙完农活正要回家,却发现法布尔不见了。他们不由得着急起来,在田野上边跑边呼喊儿子。

"妈妈,我在这儿呢!瞧,我抓到了那只会唱歌的虫子!"妈妈一看,儿子的手里拿着一只全身翠绿、触角细长的纺织娘。三天前,法布尔就告诉她,花丛里经常传出一种动听的声音,不知是谁在唱歌。现在,他终于找到了这位"歌唱家"。

八九岁的时候,父亲叫他去放鸭子。他把鸭子赶进池塘以后,就去水边逮蝴蝶,捉甲虫,或是蹲下来静静地观察奇妙的水底世界:漂亮的螺壳、来回穿梭的游鱼、五彩缤纷的蠕虫……

有一次,法布尔正在细心地观察周围的一切,忽然,一只闪烁着金属光泽的小甲虫从他眼前掠过。"嗬(he),真漂亮!"他边叫边用小手扑过去,敏捷地捉住了它。这只甲虫比樱桃还要小,颜色比蓝天还要蓝。法布尔高兴极了。他把这个小宝贝放进蜗牛壳里,包上树叶,装进自己的衣袋,打算回家后再好好欣赏。这一天,他还捡了好多的贝壳和彩色的石子,把两个衣袋塞得鼓鼓囊囊的。

夕阳西下,法布尔赶着鸭子,满载而归,心里甜滋滋的。

"你这可恶的小傻瓜!"法布尔一回到家,父亲就怒气冲冲地责骂他,"我叫你去放鸭子,你倒好,只顾自己玩,捡这些没用的玩意儿!快给我扔了!"

母亲也在一旁厉声地责备:"捡石子干什么?撑破了裤兜!老是捉小虫子,不叫你的小手中毒才怪呢!"

法布尔难过极了,眼泪刷刷地往下掉,很不情愿地把心爱的小宝贝放进了垃圾堆。

可是父母的责骂丝毫没能阻止法布尔对昆虫的迷恋。以后每次放鸭,他仍然兴致勃勃地捡那些"没用的玩意儿",背着大人把衣袋装得鼓鼓的,躲起来偷偷地玩。

正是这种对昆虫的痴迷,把法布尔引进了科学的殿堂。后人为了纪念法布尔,在为他建造的雕像上,把两个衣袋做得高高地鼓起,好像里面塞满了许许多多昆虫。

·第四节·写作课·

| 低年段:创意写话——《迟到大王》教学设计 | 书目:《迟到大王》
年级:二年级
目标:创意写话
设计者:华中师范大学厦门海沧附属小学 林清铃 |

> **·教学目标·**

（1）共读绘本《迟到大王》，感受阅读带来的快乐，增强阅读兴趣。

（2）通过猜想、听读、自读等多种方式，提高观察、想象、表达的能力。

（3）通过绘本学习，展开丰富的想象，进行简单的写话训练。

> **·教学重点·**

通过多种方式的阅读，提高观察、想象、表达等能力。

> **·教学难点·**

通过绘本学习，展开丰富的想象，进行简单的写话训练。

> **·教学过程·**

一、猜测导入，激发兴趣

（1）（读环衬图）老师带来一张图片，仔细观察这张图片，你发现了什么？（预设：不用心；字迹潦草；小朋友不太愿意写这份作业；有涂抹；被罚抄……）

（2）（读封面）是呀，这是我们今天要共读的故事《迟到大王》中的一张环衬图。让我们聚焦到这本书的封面，你又发现了什么？

（预设：题目，英文名直译——约翰·派克·罗门·麦肯席——一个总是迟到的男孩；作者；译者；出版社；画面上画着两个人物。）

（3）小结：通过读书的封面，我们知道了题目、作者、译者、出版社、主人公等信息，这也是一种阅读的好方法哦！

（4）（读封底）看看这本书的封底，你看到了什么？（预设：小主人公在桌子前被罚写的画面。大幅的白页只占中心的一点，突出画中的小主人公被罚时专心又可怜的模样——孤独感。）

（5）透过书的封面和封底，大胆猜一猜这本书讲了一个什么故事。

带着我们的这些猜测一起走进书中吧！

二、听读故事，提取要素

1. 师生合作，读第一则小故事

（1）读读猜猜。

①天还没亮，约翰·派克·罗门·麦肯席就背着书包，走路去上学。从画面上看，麦肯席起得很早，太阳才跳出地平线的一半，天色还是灰暗的，但我们的小麦肯席已经背着书包在路上了。他走着走着，经过了什么地方？——地点：下水道。

②这时，怪事发生了，突然下水道里钻出了什么？一只鳄鱼一口咬住了他的书包。是呀，小麦肯席遇到了什么？——板书：遇上麻烦（鳄鱼）。

③猜一猜，书包被咬住了，小麦肯席会怎么做？用力一直拉，一直拉，花了很长时间，可是鳄鱼就是不肯松口。猜一猜，接下来，小麦肯席该怎么摆脱？——板书：怎样摆脱。

④他把一只手套抛向空中，鳄鱼立刻放了书包，急着去抢手套。终于，麦肯席从鳄鱼嘴中夺回了书包，想一想，结果如何？——板书：迟到。

尽管他急急忙忙赶去上学，但鳄鱼还是害他迟到了。

⑤图中可以看到麦肯席跑步的动作。他走得怎么样？——急急忙忙。

⑥来到教室，老师笑容可掬地站在麦肯席的面前，询问到："你迟到了。还有，你的另一只手套哪里去了？"麦肯席怎么说的？

⑦对老师来说，这简直是天大的笑话，附近怎么可能有鳄鱼呢？接下来，拿拐杖、戴博士帽的老师开始变得龇牙咧嘴，让麦肯席下课后留下来，罚写300

遍"我不可以说有鳄鱼的谎，也不可以把手套弄丢"。偌大的教室只有麦肯席一个人，想一想，此时他心情如何？肯定很委屈、无奈、无助，委屈老师的不信任。

（2）教师引导学生提取故事要素。

小朋友们，故事听清楚了吗？老师想看看谁有一双灵耳朵，把故事都听清楚了？故事讲到了小麦肯席在什么地方遇到麻烦？遇上什么麻烦？怎么摆脱？结果如何？（板书：什么地方？什么麻烦？怎样摆脱？结果如何？）

（3）小结阅读方法：刚才我们通过猜猜看、听听说一起感受了小麦肯席上学路上遇到的麻烦事，这也是一种好的阅读方法哦！可是不幸的事情接二连三地发生，第二天，小麦肯席上学路上，还会在什么地方遇上什么麻烦呢？

2. 由扶到放，读第二则小故事

（1）出示图画书，引导学生仔细观察：小麦肯席又在什么地方遇到什么麻烦？指名个别说，引导学生说完整，引导学生用上好词。

（2）同桌互相交流说一说整个故事。教师出示提示语，引导学生把故事要素说清楚。

提示语：小麦肯席急急忙忙地走路去上学。他走着走着，经过_____时（什么地方），突然钻出_____，一口咬破了_____（遇上什么麻烦），他好不容易_____，一直等到_____。（怎么摆脱麻烦）他急急忙忙地走路去上学。但是_____。（结果如何）

（3）指名学生展示说一说第二个故事。

（4）师生合作一起评价是否说清楚四个故事要素。

三、创编故事，延伸表达

（1）想一想，说一说，小麦肯席还会在什么地方遇到什么麻烦？

（2）出示三张图片：铁路边、小木屋、草丛里，根据图片提示，同桌自己交流说一说。

（3）写一写。

四、作业

（1）回去再把故事读一读，试着说给家人听。
（2）给刚才创编的故事配上几幅图片，自己创编绘本。

写话卡

约翰·派克·罗门·麦肯席急急忙忙地走路去上学。他走着走着，经过_____（什么地方）时，突然_____（遇上什么麻烦）

他_____
_____（怎么摆脱麻烦）

约翰·派克·罗门·麦肯席急急忙忙地走路去上学。但是_____
_____（结果如何）

中年段：学写留言信——《我要大蜥蜴》教学设计

书目：《我要大蜥蜴》
年级：三年级
目标：学习用留言信的方式表达心愿
设计者：刘颖

· 教学目标 ·

（1）从故事小主人公阿力的做法中获得启发，学习如何表达心愿。
（2）了解留言的基本格式，并能按格式写留言。

（3）培养关注文本写作方法的意识。

（4）认识与人交流的不同方式，并能根据自己的需求做出合适的选择。

·教学重点·

流畅表达心愿。

·教学难点·

有条理地表达需求。

·教学过程·

一、话题交流，激发写作愿望

（1）你养宠物吗？养的是什么？

（2）有没有同学想养宠物，可是妈妈或者爸爸就是不同意的？不同意的原因是什么呢？

（3）他们不同意，你想办法了吗？用了什么招？结果如何？

（4）老师来教你们一个办法。

二、范文引路，指导表达方法

（1）我知道一个小男孩，他叫阿力，他也想养宠物，他想养什么呢？阿力想养一只大蜥蜴！（蜥蜴图）这只蜥蜴宝宝是阿力的邻居麦基搬家时留下的，阿力特别想养那只蜥蜴宝宝，但阿力的妈妈不同意。

（2）阿力的办法是——跟妈妈谈谈。沟通是很好的办法。不过，阿力是用写留言条的方式跟妈妈对话的！我们来看看阿力的留言条。（出示阿力和妈妈的

留言条）

（3）提示注意：

①阿力和妈妈之间的对话有什么联系？这给想达成心愿的你什么启发？（目标：表达要有针对性）

②注意阿力的落款，落款就是阿力的署名，想想，他为什么这么写？这给想达成心愿的你什么启发？

③阿力的留言，还给你什么启发呢？

为了能发现阿力的妙招，你一定要认真听，好好看，还要想，还要记。

（4）合作朗读故事（学生读阿力的留言，老师读妈妈的留言）。

三、写法讨论

（1）从阿力的留言中你受到了什么启发？学到了哪几招？

①表达自己的愿望。说清楚自己想要实现这个愿望的原因，争取打动对方。（真心—动心）

②针对爸爸妈妈的担心说出自己的应对方案，争取让爸爸妈妈放心。（决心—放心）

③表达。（爱心—开心）

……

（2）为什么可以说的话要写下来呢？这样做跟直接和妈妈说有什么不同吗？

①可以思考得充分些。

②语气缓和、有余地。

……

四、尝试写作

（1）将阿力的信变成一封，选择其中几张，可以按你想要的顺序，要通顺连贯，落款用一个。

（2）你有什么特别的心愿，或者一直以来想要的礼物，想要做的事……来吧，你来写一封留言信跟爸爸妈妈说说你的想法，不过我得要求你们超过阿力，将自己能想到的都在这封留言信里写清楚。祝你成功。

（3）注意格式。

五、欣赏、修改

（内容略。）

六、延伸思考

（1）用什么纸写？留言条打算放哪儿？
（2）还有什么情况下可以用留言条或者留言信的方式呢？

附：阿力和妈妈的留言

亲爱的老妈：

  我知道你不会同意我养一只大蜥蜴宝宝。对了，就是麦基搬家时留下来的那一只。但我有非养不可的理由。请听我说，如果我不养它，它就会被送给史汀基，而史汀基的狗狗洛奇，就会一口吃掉它。你不会希望这样的事发生吧，不是吗？

你多愁善感的儿子 阿力亲笔

亲爱的阿力：

  我很高兴你这么富有同情心，但我怀疑史汀基的妈妈会让洛奇钻进大蜥蜴的笼子里。不过，你这一招挺不赖的！

爱你的老妈

亲爱的老妈：
　　你知道吗？大蜥蜴非常安静，而且很可爱，我想，它会比仓鼠还要可爱！
　　爱你！

你可爱的儿子　阿力

亲爱的阿力：
　　毒蜘蛛也很安静，但我不会把它当宠物养。还有，麦基的大蜥蜴比怪兽哥斯拉还要丑。好好想一想我说的话吧！

爱你的老妈

亲爱的老妈：
　　你永远不会看到大蜥蜴的。我会把它的笼子放在我房间足球杯旁的柜子上。还有，它好小，我敢打赌你甚至不会知道它在哪儿。
　　爱你！
　　献上千千万万又零一个吻。

阿力

亲爱的阿力：
　　大蜥蜴可以长到一米八那么长。你的整个房间都会被塞爆，更别提你的柜子了（放不放奖杯都一样）。

爱你的老妈

亲爱的老妈：
　　一只大蜥蜴要花十五年才会长得那么大。这是麦基告诉我的。那时候我已经结婚了，或许已经住在自己的房子里了。
　　爱你！

你聪明又成熟的孩子　阿力

亲爱的阿力：

如果你养了一只长一米八的爬虫，你想想，有哪个女孩愿意嫁给你？

爱你，关心你的老妈

亲爱的老妈：

别提什么女孩不女孩的，现在，我需要一个新朋友！

这只大蜥蜴会是我一直盼望的兄弟！

爱你！

你寂寞的孩子　阿力

亲爱的阿力：

你已经有一个小弟弟了。

爱你的老妈

亲爱的老妈：

我知道我有一个弟弟了，但他只是一个小宝宝，一点儿都不好玩！如果我有一只大蜥蜴，我会教它耍把戏等等玩意。弟弟不会玩把戏，他只会打嗝和便便。

爱你！

觉得恶心巴拉的阿力

亲爱的阿力：

我怎么知道你已准备好养宠物了呢？还记得上回你把小金鱼带回家，发生什么事了吗？

爱你的老妈

亲爱的老妈：

如果我知道鱼会跳进意大利面酱汁的话，我绝对不会把瓶盖打开的。

爱你！

得到教训的儿子　阿力

亲爱的阿力：

　　那么就这样说定了！我让你试养一下大蜥蜴，那你会怎么照顾它呢？

爱你的老妈

亲爱的老妈：

　　我会每天喂它（它吃莴苣），我还会保证它有足够的水。当它脏兮兮时，我会清理它的笼子。

　　爱你！

负责任的阿力

　　又：试养一下是什么意思？

亲爱的阿力：

　　试养一下的意思是，我和你老爸会看看你照顾它一两周的情况如何，然后再决定是不是让你继续养它。记住史汀基和洛奇都在等着呢！

爱你的老妈

　　又：如果你清理它的笼子就像你清理自己的房间那样，那你就有麻烦了。

亲爱的老妈：

　　我会非常、非常、非常尽力去清理我的房间和大蜥蜴的笼子。还有，请听我说，我会用自己的零用钱来买莴苣。我的意思是，一只大蜥蜴宝宝又能吃多少莴苣呢？

爱你的理财奇才　阿力

阿力和妈妈的对话：

　　"你确定你想这么做吗？阿力？"

　　"是的，老妈！我想养大蜥蜴……拜托！"

　　还有一张留言条：

亲爱的阿力：

看看你的柜子上。

爱你的老妈

（哇！阿力在他房间的柜子上看到了他的蜥蜴宝宝，放在一只玻璃缸里。）

高年段：用多个事例表现人物特点
——《怕浪费的奶奶》教学设计

书目：《怕浪费的奶奶》
年级：五年级
目标：学习用多个典型事例来描写人物的某一个特点
设计者：刘颖

·教学目标·

（1）发现作者选择奶奶怕浪费的事例的奥妙。
（2）引导思考如何提炼人物的一个特点。
（3）用上"三级事例"的方法选择事例，表现人物的一个特点。
（4）通过对比阅读探索文章结构，并尝试在自己的文章中运用。

·教学重点·

发现、理解并学习运用"三级事例"的方法。

·教学难点·

（1）提炼人物特点。

（2）如何布局谋篇。

> **·课前准备·**

阅读《怕浪费的奶奶》和《差不多先生》。

> **·教学过程·**

一、说说自己的奶奶（外婆）

你有一个（　　　　）的奶奶或者外婆？

二、思考讨论《怕浪费的奶奶》

（1）怕浪费的奶奶，怎么怕浪费，在她的身上会发生哪些跟怕浪费有关的故事呢？

（2）听、看《怕浪费的奶奶》，做关键词记录。

（3）关于怕浪费的奶奶的几个故事，看表交流。

故事 1	
故事 2	
故事 3	
故事 4	
故事 5	
故事 6	

故事背景（怕浪费什么）	怎么做（人物语言）	怎么做（人物动作和其他）
故事 1		
故事 2		
故事 3		
故事 4		
故事 5		
故事 6		

（4）发现表达秘密：写一个怕浪费的奶奶，怎么写？（通过写人物故事来表现。故事有：吃光剩米粒，宝宝脸蛋上的也舔干净；及时关水龙头，刷牙只用一杯水，眼泪水也不能浪费；废纸团拿来玩；铅笔头变成彩虹笔；橘子皮晒干泡澡；天黑不开灯，直接睡觉。）

（5）这些事例有什么特点？（三个级别：一星级，可以理解，如及时关水龙头，刷牙只用一杯水；二星级，有点夸张，如吃光剩米粒，宝宝脸蛋上的也舔干净；三星级，不可思议，如天黑不开灯，直接睡觉。）

（6）思考不同级别事例带给读者的感受和塑造人物的效果。

三、比较阅读

（1）再次阅读《差不多先生》，比较与《怕浪费的奶奶》在写法上的相似处和不同点。（除事例选择的特点外，关注整篇文章的架构。）

（2）讨论交流。

四、设计提纲

（1）写一个人的特点，怎么写？（写一个人，写出他的一个特点，用一个个的故事写。）

（2）以"怕狗的妈妈"为例，集体讨论如何选择不同级别的事例。

（3）思考、比较"怕狗的妈妈"与"胆小的妈妈"选择事例的不同。

（4）自由填表。

人物及特点	（　　　　）的某某
故事1	
故事2	
故事3	
故事4	

（5）交流指导，关注特点提炼的准确性与表达的趣味性。

五、写作

提示：

（1）关于这篇作文，事例也可以有重点地写，少写几件；也可以多罗列几件，每件写得简洁些。

（2）整篇文章可以按人物一天的生活顺序排列事件，也可按级别排列事件。

（3）特别提醒写作与图画书文字稿的区别，需将画面内容，如人物表情、动作等用文字表现出来。

习作资料与练习卡

学校_____ 班级_____ 姓名_____

从《怕浪费的奶奶》学习
用多个事例写出一个人的一个特点

一、说到身边那些有特点的人，我想到了：

_____的（　　）、_____的（　　）

_____的（　　）、_____的（　　）

二、我想选择其中一位最熟悉的写。

我的作文题目《　　　　　　》

故事序号	一句话故事	故事级别（填涂）
		♡♡♡
		♡♡♡
		♡♡♡
		♡♡♡

附：特点表达参考

害羞的、大大咧咧的、温柔的、鲁莽的、暴脾气的、任性的、心直口快的、风趣幽默的、爱哭的、热情的、风风火火的、自信的、真诚可信的。

小气的、温文尔雅的、老顽童、老好人、心灵手巧的、会干活的。

多才多艺的、爱运动的、爱听戏的、学霸（善于学习的）、通情达理的、热心肠（雪中送炭的）、爱吐槽的、唠叨（喋喋不休）的、伶牙俐齿的、拖拖拉拉的、调皮鬼、大嗓门的、爱交朋友的、吹牛大王。

邋遢大王、跟屁虫、力气大的、会照顾人的、有趣的、爱干活的。

……

参考文献

（1）松居直.我的图画书论[M].郭雯霞,徐小洁,译.乌鲁木齐:新疆青少年出版社,2017.

（2）彭懿.图画书阅读与经典[M].南昌:二十一世纪出版社,2006.

（3）彭懿.图画书这样读[M].南宁:接力出版社,2018.

（4）朱自强.亲近图画书[M].济南:明天出版社,2011.

（5）梅子涵.童年书:图画书的儿童文学[M].济南:明天出版社,2016.

（6）刘绪源.绘本之美[M].济南:明天出版社,2016.

（7）李利安·H·史密斯.欢欣岁月[M].梅思繁,译.北京:北京联合出版公司,2022.

（8）伦纳德·S·马库斯.图画书为什么重要:二十一位世界顶级插画家访谈集[M].阿甲,曹玥,等译.南京:江苏凤凰美术出版社,2017.

（9）佩里·诺德曼.说说图画:儿童图画书的叙事艺术[M].陈中美,译.贵阳:贵州人民出版社,2018.

（10）丹尼丝·I·马图卡.图画书宝典[M].王志庚,译.北京:北京联合出版公司,2017.

（11）玛丽·罗奇.读图画书,学批判性思维[M].张丽倩,译.北京:中国轻工业出版社,2020.

（12）朱自强.小学语文儿童文学教学法[M].南昌:二十一世纪出版社,2015.

（13）阿德丽安·吉尔.阅读力:文学作品的阅读策略[M].岳坤,译.南宁:接力出版社,2017.

（14）蒙瑟拉·纱尔朵.读书会的75个阅读作战法[M].周姚萍,译.北京:北京联合出版公司,2018.

（15）刘颖.我的故事讲给你听——从阅读到讲述[M].北京:北京师范大学出版社,2011.

（16）安妮特·西蒙斯.说故事的力量:激励、影响与说服的最佳工具[M].吕国燕,译.北京:化学工业出版社,2009.

写在后面
亲近母语图画书阅读推广与教学研究之路

    作为亲近母语课题组的一员，主持图画书的阅读与教学推广研究工作，与大家分享这一路的历程，很荣幸，也很高兴。

    事实上，在成为小学老师6年之后，我才初见图画书。那是2003年，在小城宝应，亲近母语的教学分享活动中，我第一次听梅子涵老师"解读"——现在看来可称为"讲述"一本图画书——《爱心树》，才理解了故事寥寥数语里的深情和道理，画家看似潦草的线条有着对事物特质准确的捕捉。书里至简的黑白两色透出的轻盈与庄重令人神往，这"极清浅"与"极深刻"的图文合奏的艺术，打动了我，震撼了我。

    感恩课题组成员扬州汶河小学余耀校长的引见，让我结识了亲近母语，团队的核心、灵魂徐冬梅老师和几位同行者是我生命里最值得珍惜的导师与知心伙伴。

    2004年，亲近母语举行了第一届全国儿童阅读论坛。论坛活动间隙，学者、资深出版人陈卫平先生给我和余耀看他带来的图画书《幸福的大桌子》。封面掀开，是单调的红白格子纹样，没有故事，没有角色，而这看起来平平无奇的图案竟然是主角大桌子的桌布！我至今都记得我和余耀的吃惊对视，如果不是陈老师指点，我绝不会做这样的联想。这是多么有意思的一种书啊！

    这么好的书，我们的孩子也要读到，也要享受到。2004年前后并没有像现在这样丰富的图画书可以选择，在大部分人的认知里，那是幼儿园小朋友的读物。因为它价格昂贵，受众面窄，又显得很低幼，几乎无法得到小学家长、老师的认同。图画书要走进小学的课堂，需要一个亮相的舞台。

2006年，现代与经典，这是中国很具规模的全国性的教学观摩活动，邀请亲近母语团队参加，徐冬梅老师推荐我上一节图画书阅读课。活动结束后，徐老师撰写《从刘颖执教的〈爷爷一定有办法〉看图画书教学》一文，当中有这样一段话：

我相信当时在场的不少教师不仅是第一次看到《爷爷一定有办法》这个图画书，甚至他们是第一次接触到真正的图画书，当然也是第一次看到图画书教学。……课后凤凰网有老师对这次活动进行打分和评价，这位名不见经传的年轻教师的课排名第二，得分高达95分，不少同台的著名的特级教师排在她的后面。而且这不是一个人的意见，得到了听课教师的普遍认同。

图画书在小学教学的场域中被看见了！

我记得这一本经典的《爷爷一定有办法》是梅子涵老师选的，他从故事的阅读、讲述到教学给我们提供了不少金点子，课题组的老师都戏称，梅老师是我们的备课组组长。《爷爷一定有办法》的图画书教学只是一个懵懂的开始，但徐冬梅老师点石成金，梳理提炼出了图画书阅读教学范式的雏形。

同年，2006年，梅子涵老师提出了"讲述"的概念，亲近母语举行了首届全国小学（幼儿）教师讲述大赛，邱凤莲老师撰写"讲述"的说明，我做图画书讲述示范，在梅老师、徐老师的指导下，课题组老师开始了图画书讲述的实践与推广。三届图画书讲述大赛诞生了许多优秀作品，锻炼了一批老师，也将图画书的阅读方法与教学理念传递到更多的教室与家庭。

从教师讲述到儿童讲述，2007 年，我们尝试儿童图画书讲述教学——《安娜的新大衣》。图画书教学的课型除"阅读教学"，增加了"讲述教学"。

随着图画书创作、阅读理论与实践等专业书籍的大量出版，徐老师又常邀请梅子涵、朱自强、彭懿老师等儿童文学研究与创作领域的领军人物到课题组讲学，我们的图画书鉴赏能力不断提高，在教学过程中发现了图画书教学的可能性。

2013 年的亲近母语论坛上，我执教《从图画书学写作》的研讨课。图画书《我要大蜥蜴》是中年段孩子学写留言条、学习沟通的上佳范例。由此，图画书教学的课型再增添"写作教学"。

2006 年到 2013 年，从图画书的阅读到讲述，再到教学，现在回想，每一个新的任务都是建立在前期研究基础上的深入，徐冬梅老师是总设计师，她细致周全地布署，有条不紊地推进，我惊诧于她似乎有一双能洞察未来的眼睛。

阅读教学、讲述教学、写作教学，三种课型，三个范式，日渐清晰、成熟。2013 年，我们写出了较为完整的《亲近母语图画书课程实施方案》，擅长课程建设的岳乃红老师从形式到内容都提供了专业的支持。

方案中，课程书目的选择最为挣扎。区别于亲子阅读，课堂教学用的图画书得具备哪些要素，不同年龄段又有什么区分，这些都要考察。有了标准，每个年级可入选的数量极少，而符合标准的经典图画书又那么多，落下任何一本都让人遗憾。每年有大量新书出版，当中的优秀之作是否要进入？比例是多少？"这一本，还是那一本"，每年商讨书目的那几天，我们常常在寂静无声地翻越过书山后开始面红耳赤地争论。书目选择的团队人员并不固定，每年都有新的专家进入，只要经历过，他们无不感慨："哎呀！太难了！真是太难了！"

就拿 2022 年的书目修订来说，徐老师邀请了南京师范大学文学院谈凤霞教授加入图画书组，指导选书。谈教授入选了 2024 年国际安徒生奖评审团，她专业严谨，执着坚定。白天我们各自筛选，晚上集中讨论，近 11 点，还有几本书的意见没有统一。

儿童性、经典性、教育性是徐冬梅老师对所有入选书目的大纲性要求，在此基础上，针对共读的图画书，我们又提出了艺术性、深刻性、丰富性等要求。

如：经典性，除保留《团圆》《一园青菜成了精》《爷爷一定有办法》《活了一百万次的猫》这样的作品之外，增加了能展现图画书不同风貌的优秀作品。入选书籍表现形式多样：有字书、无字书；故事、散文、诗歌、人物传记等。

如：深刻性，内涵更深刻，时空背景开阔。主题包括战争反思、自我认同、人际沟通、探索世界、文化传承等，如新添加的姚红老师的《迷戏》。这样的书教学元素也更充裕，便于老师们进行有深度、有广度的教学探索。

对于孩子们自主阅读的图画书推荐标准又略有不同，除儿童性、经典性、教育性，我们还提出了开创性、互动性，话题、表现形式独特、新鲜，能满足不同孩子的个性化需求，独立阅读时能产生互动感。今年新入选的图画书《全世界最穷的总统爷爷来演讲！》《汴京的一天》《好运先生　倒霉先生》就具备这样的特点。

我是一位普通的一线教师，做语文老师、班主任近 30 年，但因为图画书推广与教学研究让我这位普通的老师有那么点儿不同，我坚持做这件事，并乐在其中。亲近母语造福儿童，也成就老师。我跟随亲近母语团队去过全国各地几十所学校，协助实验校开展图画书课程实施，其中，印象最深的是柳州文惠小学。这所小学的大门在一条窄窄的巷子里，其貌不扬，但校园里却处处阳光。

杨薇老师，她现在已经是杨薇校长了，在亲近母语的论坛上听到《活了一百万次的猫》的故事便爱上图画书，并且借着图画书，走上了儿童阅读推广之路。她给自己制定了图画书推广路线，还以自己的班级为实验点带动了全校、全区。文惠小学结合自身的科技教育特色申报了"柳州市少儿图画书科普基地的建设与示范"课题。课题申报成功，学校获得14万元研究资金，建成"小脚丫"图画书馆和柳州市首个少儿图画书科普基地，顺利结题。

  杨薇老师说，图画书是她梦开始的地方，希望有更多的孩子和大人，更多的班级和家庭走进图画书的美丽世界。

  （此文系笔者在2022年马来西亚第一届儿童文学国际研讨会上所做的专题分享发言稿，选入时略有改动。）

  后：特别致谢——我的爸爸妈妈和女儿小木耳，是你们给了我时间、空间和灵感。

刘　颖